회복은
생명입니다

한계 속에 사는 인간이기에 일생이란 성공과 실패의 연속입니다. 그러다 보니 희망을 가질 때도 있지만 절망할 때도 있습니다. 우리가 아무리 절망적인 상황을 만난다고 하더라도 회복한다면 희망입니다.

그러나 인간의 현실을 보면 사업에 실패하여 회복을 못 하는 분들이 있고, 건강을 상실했다가 회복 못 하고 죽음을 맞이하는 사람들도 있습니다. 심지어는 믿음을 상실했다가 회복을 못 하는 사람들도 있습니다. 베드로는 예수님을 부인했던 사람이라면 유다는 예수를 팔므로 배신한 사람입니다. 그러나 베드로는 나중에 죄를 뉘우치고 믿음을 회복했다면 유다는 회복을 하지 못하고 비참한 말로를 고했습니다.

온라인 예배에 맛을 들인 교인들 가운데는 지금까지도 대면 예배로 전환하지 못한 분들도 있습니다.

어느 때보다 위기에 처한 한국교회입니다. 1970년대와 1980년대 초까지 가졌던 한국교회의 뜨거운 믿음을 회복하기를 간절히 소망하면서 회복이라는 주제로 충절로교회에서 설교했던 것들을 모아 출판하고 보니 저자의 부족한 부분들을 드러내는 것 같아 조심스러움이 있지만, 40년을 넘게 목회하면서 가장 관심을 가졌던 것이 설교였기에 은퇴가 얼마 남지 않은 지금 설교집으로 지난 목회를 정리해 보기를 원합니다. 이 설교를 접하는 독자들의 영, 혼, 육이 회복되는 은혜를 받아 누리시길 소망합니다.

끝으로 출판을 맡아주신 따스한 이야기의 김현태 목사님과 사랑하는 충절로교회 교우들의 기도와 언제나 가족들의 성원에 감사한 마음을 이 책에 담았습니다.

김지영 목사

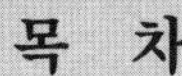

목 차

• • •　여는글 _ 003

26　자신감 _ 008

27　평강 _ 018

28　질서 _ 028

29　침체 _ 038

30　피곤 _ 049

31　겸손 _ 060

32　자존심 _ 072

33　감격 _ 083

34　공동체 _ 093

35　탈진 _ 104

36　고독 _ 115

37　두려움 _ 126

38　감동 _ 137

39　인내 _ 148

40　십자가 정신 _ 159

41　성전 _ 171

42　하나 됨 _ 184

43　성도나움 _ 196

44　하나님 자녀의 권세 _ 209

45　구원의 즐거움 _ 221

46　부활 신앙 _ 232

47　하나님의 형상 _ 244

48　협력 _ 255

49　찬양 _ 267

50　인간 _ 280

회복은 생명입니다

下

김지영 지음

자신감

"내가 주 안에서 크게 기뻐함은 너희가 나를 생각하던 것이 이제 다시 싹이 남이니 너희가 또한 이를 위하여 생각은 하였으나 기회가 없었느니라 내가 궁핍하므로 말하는 것이 아니니라 어떠한 형편에든지 나는 자족하기를 배웠노니 나는 비천에 처할 줄도 알고 풍부에 처할 줄도 알아 모든 일 곧 배부름과 배고픔과 풍부와 궁핍에도 처할 줄 아는 일체의 비결을 배웠노라 내게 능력 주시는 자 안에서 내가 모든 것을 할 수 있느니라 그러나 너희가 내 괴로움에 함께 참여하였으니 잘하였도다"(빌 4:10~14).

"남편이 알아야 할 아내에 대한 지식"이라는 책은 미국의 상담전문가로 유명한 도브슨의 저서입니다. 이 책에서 자신의 문제를 상담한 미국 주부들의 문제 유형을 소개하고 있습니다. 상담자들 50% 이상이 고민하고 괴로워하는 문제는 건강이나 경제문제가 아니고 자신감을 상실했다는 것이었습니다.

우리들의 삶의 문제를 생각할 때도 외부적인 환경인 재물이나 권력이나 학력, 건강 같은 것에서 찾으려고 합니다. 그러나 사실은 자신감의 문제입니다. 실패하는 사람들을 살펴보아도 두 가지 원인이 있습니다. 하나는 자기 능력을 과신합니다. 다른 하나는 자기 가치를 평가 절하합니다.

생각보다 자신을 평가 절하하는 사람들이 많습니다. 이런 사람은 성공하기 어렵습니다. 동시에 영적으로나 육적으로 자신을 과신하는 사람도 심각한 문제입니다.

현대는 새로운 말들을 많이 만들어 냅니다. 그래서 젊은 사람들이 사용하는 언어들을 저도 이해를 못해서 사전이나 컴퓨터에서 찾아볼 때가 종종 있습니다. 2014년쯤에 삼포세대라는 신조어가 생겼습니다. 연애와 결혼과 출산을 포기한 세대가 '삼포세대'입니다. 여기에 취직과 내 집 마련까지 포기한 세대를 '오포세대'라고 합니다.

오포세대에서 건강과 외모까지 포함한 칠포세대가 있습니다. 여기에 인간관계와 희망도 포기한 젊은이들을 일컬어 구포세대라고 합니다. 꿈과 희망도 없어서 비관하여 삶까지 포기한다고 해서 십포세대, 전포세대, 완포세대라고 합니다. 이 전 세대를 가르켜 'N포세대'라고 부릅니다.

젊은이들만 그런 것이 아니고 이 시대의 현상입니다. 포기한 세대는 희망이 없습니다. 삶의 가치도 없습니다. 이것은 절망이고 비극입니다. 그야말로 자신감을 상실한 시대입니다.

미국 스코틀랜드 태생의 미국 실업가이며 강철왕이라는 별명을 얻은 사람은 카네기입니다. 카네기의 자신감이라는 글을 보면 이렇습니다.

"당신을 빛나 보이게 하는 것은 그 어떤 것도 아닌 바로 자신감이다. 당당히 미소 짓고, 초조함으로 말을 많이 하지 않으며 걸을 때도 어깨를 펴고, 활기차게 걷는 것만으로도 충분하다. 주위 환경에 기죽지 않으며, 아닌 건 아니라고 말할 수 있는 당당함이 필요하다. 당신을 놓치는 사람은 평생 후회하게 될 것이라는 자신감을 가져라. 당신은 앞으로 무한히 발전할 것이고, 당신의 그 헛되지 않은 노력은 세상속에서 당신을 더욱 빛나게 할 것이다."

자신감을 가지고 살고 계십니까? 아니면 자신감을 상실하고 무기력하게 살지는 않으십니까? 혹시라도 무기력한 삶을 살고 계시다면 말씀을 듣는 가운데 사도 바울처럼 자신감을 회복하시길 축원합니다.

바울은 본문 13절에서 이렇게 고백합니다. "내게 능력 주시는 자 안에서 내가 모든 것을 할 수 있느니라." 이 말씀 안에서 자신감을 회복하시기 바랍니다.

1. 만족입니다

"내게 능력 주시는 자 안에서 내가 모든 것을 할 수 있느니라"
는 말씀은 만족한다는 의미입니다. 일반적인 사람들은 만족하
지 않습니다. 불만이 많습니다. 여성 91%가 자기 외모에 만족
하지 못한다고 합니다.

그러나 예수를 모시고 예수님과 동행하는 사람이면 얼마든
지 만족할 수 있고, 감사할 수 있습니다. 외경에 나오는 바울의
외모는 "대머리와 휜 다리에 눈썹은 서로 맞닿고, 코는 매부리
에 다부진 체구를 가진 호감에 찬 사나이, 그는 인간의 모습에
천사의 얼굴을 가진 자이다"라고 했습니다.

성경에 나타난 바울은 잘난 인불은 아닙니다. 그럼에노 바울
은 "항상 기뻐하라. 내가 다시 말하노니 기뻐하라"고 했습니다.
정말 만족하며 행복한 삶을 누리는 바울입니다.

헬라의 스토익 학파에서는 인간의 모든 덕 가운데 최고를 '만
족'이라고 했습니다. 많은 소유가 있어서, 좋은 환경이라서 다
만족하는 것도 아닙니다. 적은 것을 가지고도 만족하는 사람이
많습니다. 본문의 바울은 정말 만족하는 사람입니다. 예수 안에
있으면 바울처럼 누구든지 만족할 수 있습니다. 만족하는 자는

자신감이 있습니다.

2014년 복지부가 학생들 스스로 매긴 삶의 만족도를 조사했는데 60.3점이 나왔습니다.

경제협력개발기구인 OECD 국가 가운데 꼴찌입니다. 그리고 아동 결핍지수는 54.8점입니다. 학생들이 뭔가 부족하다고 느끼고 사는 것입니다. 우리나라는 1등만 강요하는 나라인데, 꼴찌에서 두 번째가 헝가리인데 그들과도 차이가 많습니다. 환경이 문제가 아닙니다. 한국처럼 잘 사는 나라는 흔치 않습니다.

바울은 빌립보서 4장 11절에서 "내가 궁핍하므로 말하는 것이 아니니라 어떠한 형편에든지 나는 자족하기를 배웠노라"고 했습니다. 예수님을 만난 이후 모든 것을 분토와 같이 버렸고 말할 수 없는 고난 가운데도 하나님께 감사했습니다. 먼저 감사하고 만족하면 얼마든지 자신감이 생깁니다. 그리고 주 안에 있으니, 만족할 수 있었습니다.

고린도후서 11장을 보면 바울은 수고를 넘치도록 했습니다. 옥에 갇히기도 했습니다. 매도 수없이 맞았고, 죽을 뻔하기도 했습니다. 유대인들에게는 40에 하나 감한 매도 다섯 번이나 맞았습니다. 한번은 돌에 맞고, 3번은 파선했습니다. 일 주야를 깊은 바다에서 지냈습니다.

그 외에도 고생은 많습니다. 이런 가운데도 바울은 만족하는 비결을 가지고 있었습니다. 자신감이 있었기에 가능했습니다. 우리가 몸이 불편해도, 환경이 어려워도, 장래가 불안해도 주 안에서 만족하는 사람은 자신감을 가질 수 있습니다. 하나님의 은혜를 생각하면 만족할 수 있습니다. 범사의 만족하심으로 자신감을 회복하시길 축원합니다.

2. 예수입니다

"내게 능력 주시는 자 안에서 내가 모든 것을 할 수 있느니라."

능력 주시는 분은 예수님이십니다. 예수께서 능력 주심을 알기에 자신감을 가질 수도 있습니다. 능력의 출처는 예수님이십니다. 사도행전 3장 1절 이하를 보면 성전 문에 나면서부터 걷지 못하는 사람이 있습니다. 성전에 들어가는 사람들에게 구걸하라고 사람들이 갔다 둔 사람입니다.

이 앉은뱅이가 베드로와 요한이 성전에 들어가는 것을 보고 구걸을 하자 베드로와 요한은 돈을 주거나 먹을 것을 준 것이 아닙니다. 주목하고 "우리를 보라"고 했습니다. 그러자 앉은뱅이는 얼마나 많이 주려고 그리니 했는지는 모르지만 무엇을 얻을까 해서 사도들을 바라보았습니다. 그때 베드로가 이렇게 말했습니다.

"은과 금은 내게 없거니와 내게 있는 이것을 네게 주노니 나사렛 예수 그리스도의 이름으로 일어나 걸으라."

그러자 앉은뱅이가 벌떡 일어나 걷기도 하며 뛰기도 하면서 하나님을 찬송했습니다. 예수 그리스도의 이름이 선포되자 기적이 일어났습니다.

예수의 이름으로 기도하면 기도가 응답됩니다. 설교자들이 기도하라고 해서 기도한다고 응답되는 것이 아닙니다. 설교를 듣고 순종하는 마음으로 기도하면, 체험자들의 간증을 듣고 기도하면, 기도하면 응답됩니다. 중요한 것은 기도가 아니라 예수 이름입니다. 반드시 기도해야 하지만, 예수 이름이 없는 기도는 의미가 없습니다.

제가 1993년 9월에 충절로교회에 부임하면서부터 시작한 것이 있습니다. 하나는 매월 첫날 특별새벽기도회라는 제목으로 기도하는 것이었습니다. 시간에 맞추어 제가 구역장들에게 전화를 하면 구역장들이 구역원들에게 새벽에 전화해서 깨웠습니다. 그러다가 구역장들이 연로해지면서 전화는 중단되고 말았지만, 특별새벽기도회는 계속되었습니다. 코로나 팬데믹 때문에 완전히 중단되고 말았습니다. 새벽기도회는 몇 분 못 나

　　　　　　　　　　회복은 생명입니다(下)

오시지만 계속했습니다.

이제 다시 특별새벽기도회를 해야 합니다. 그래야 개인의 심령이 뜨거워집니다. 교회의 영적인 불이 붙습니다. 이것이 교회 성장의 비결입니다.

그리고 제가 부임하고 몇 달 안 지나서 천안중앙교회 다니시는 한일철재 회장이신 이창엽 장로님이 전화를 하셨습니다. 당시 북면중앙교회와 주변의 우리 교단교회에 매달 선교비를 보내 주겠다는 연락이 왔습니다. 저는 "뜻은 고맙지만, 저희 교회는 말고 주변에 더 어려운 교회를 도와주세요"라고 하고 전화를 끊었습니다.

왜냐하면 도움받기 시작하면 헤어나기 어렵다고 생각했기 때문입니다. 그리고 케냐의 폴카운지라는 학생이 장신대에 와서 공부했는데 그 학생을 돕기 시작했고 지금은 선교사들을 우리 교회가 지원하고 있습니다.

예수 이름으로 하면 능력이 나타나고, 부족하고 약해도 하게 됩니다. 무엇보다 기도와 선교를 예수 이름으로 하면서 하나님의 역사를 체험하는 자신감을 회복하시길 축원합니다.

3. 믿음입니다

"내게 능력 주시는 자 안에서 내가 모든 것을 할 수 있느니라"는 말씀은 바울은 믿음이 있었다는 것입니다. 믿음이 있을 때 자신감이 생깁니다. 사람의 삶을 좌우하는 세 가지 믿음이 있습니다.

　① 하나님께 대한 믿음, 예수님께 대한 믿음
　② 타인을 비롯한 나외의 다른 사물에 대한 믿음
　③ 자기 자신에 대한 믿음입니다

이 세 가지의 균형 잡힌 믿음이 필요하지만, 무엇보다 강한 능력을 주님이 주십니다. 그 능력을 알기에 바울은 "내가 모든 것을 할 수 있다"고 고백하는 것입니다. 믿음이 건강하면 신앙생활에 자신감도 생깁니다.

미국의 교육 개혁자 '호러스맨'은 이런 말을 했어요. "순교자로 죽는 것보다 순교자로 사는 것이 더 어렵다." 순교자로 맞아 죽는 것보다 순교자의 정신과 신앙으로 평생을 사는 것이 어렵다는 것입니다.

적당하게 형편대로 대충대충 교회 다니는 것은 누구나 할 수 있습니다. 그러나 철저하게 하나님 중심, 교회 중심, 예수님 중심으로 신앙생활을 한다는 것은 우리가 최선을 다해야 하지만 우리의 최선가지고도 부족합니다. 성령 하나님께서 도와주셔야 합니다.

우리가 어떻게 최선을 다합니까? 믿음이 있어야 합니다. 믿음이 부족합니까? 성수주일 못 합니다. 믿음만 좋다면 거리가 상관없습니다. 주일은 말할 것도 없고, 새벽기도회, 수요일 저녁에 얼마든지 나옵니다.

예배 참석도 뭉쳐야 합니다. 와서 보니 '장로님도 참석했고, 권사님도 참석했는데, 나도 계속 참석해야지'하면 모이는 교회가 됩니다. 이렇게 하면 신앙이 좋아집니다. 교회 가서 보니 '누구도 없네. 그렇다면 나도 가지 말자.' 이런 교인들이 있는 교회는 모이지 않는 교회가 됩니다. 이런 신자, 이런 교회는 믿음이 자라지 않습니다.

믿음이 믿음을 낳습니다. 무엇보다 열심히 모이는 교회가 되어야 합니다. 그래야 능력을 체험하는 개인과 교회가 됩니다. 만족과 예수와 믿음이 우리에게 자신감을 회복시켜 줍니다. 자신감을 회복하고 사는 성도가 되시길 축원합니다.

27

평강

> "주 안에서 항상 기뻐하라 내가 다시 말하노니 기뻐하라 너희 관용을 모든 사람에게 알게 하라 주께서 가까우시니라 아무 것도 염려하지 말고 다만 모든 일에 기도와 간구로, 너희 구할 것을 감사함으로 하나님께 아뢰라 그리하면 모든 지각에 뛰어난 하나님의 평강이 그리스도 예수 안에서 너희 마음과 생각을 지키시리라"(빌 4:4~7).

케이치프 노이드라는 유명한 심리학자는 사람에게는 일곱 가지 감옥이 있다고 했습니다.

① 자기도취의 감옥

② 비판의 감옥

③ 절망의 감옥

④ 과거지향의 감옥

⑤ 선망의 감옥

⑥ 질투의 감옥

회복은 생명입니다(下)

⑦ 비교의 감옥입니다.

사람에 따라서 차이가 있지만, 누구든지 이 감옥과 관련되어 있다는 것입니다. 문제는 이 일곱 가지 감옥에서 탈출하지 아니하면 결코 평강을 누릴 수도, 행복할 수도 없다고 합니다. 일곱 가지 가운데 가장 나쁜 감옥은 비교의 감옥이라고 합니다. 그 이유는 계속해서 나보다 나은 사람들과 비교하면서 자신이 가진 것과 누리는 것에 불만을 품다 보면 이 세상이 모두 감옥으로 되기 때문입니다.

이렇게 되면 결국 사람은 불행하게 됩니다. 사람은 누구나 불행할 가능성과 행복할 가능성을 가지고 있습니다. 신앙인이면 불행의 조건을 버리고 행복하게 사는 정도가 아니라 행복을 누리고, 평강을 베풀고 살아야 합니다. 어딜 가나 누구를 만나든지 평강을 찾고 살아야 합니다. 복종의 최고의 복은 평강입니다.

솔로몬 왕이 현자들을 모아 놓고 질문을 했다고 합니다. "하나님께서 주시는 복 가운데 가장 큰 복은 무엇이냐?" 호마라는 현자는 "부귀"라고 대답했습니다. "무엇 때문에 부귀가 가장 큰 복이냐?" "부귀는 견고한 성과 같아 마음이 든든해지고 어떤 힘도 살 수 있기 때문입니다."

고개를 끄덕이며 옆에 있는 백발의 아쉬라는 지략가를 솔로몬이 바라보았습니다. 아쉬는 "저는 지혜라고 생각합니다." 지혜라고 생각하는 이유가 무엇이냐는 질문에 "지혜는 선한 길로 이끌며 영혼을 지킬 수 있고 명예도 얻을 수 있기 때문입니다"라고 대답했습니다.

아쉬의 말을 듣던 피쉘이라는 현자가 고개를 갸우뚱거리는 것을 본 솔로몬은 피쉘에게 "랍비는 무엇이라고 생각하느냐?"라고 묻자, 피쉘은 천천히 이렇게 말했습니다.

"하늘로부터 오는 복 가운데 가장 큰 복은 덕입니다. 덕이 많으면 좋은 친구들을 얻을 수 있기 때문입니다."

현자의 말을 다 들은 솔로몬은 한숨을 내쉽니다. 그때 현자들이 "왕께서는 하늘로부터 오는 복 가운데 가장 큰 복은 무엇이라고 생각하십니까?"라고 하자, 솔로몬은 쓴웃음을 지으며 "평강"이라고 말했습니다.

의외라고 생각한 현자들은 다시 질문했습니다. "평강이라고 생각하는 이유는 무엇입니까?" 솔로몬이 주변을 둘러보며 힘없이 말했습니다. "많이 소유하면 무엇하겠으며, 궁궐에 산들 무슨 즐거움이 있고, 걱정과 근심 가운데 살면 다 소용없는 것 아닙니까?"

지혜가 많으면 무엇합니까? 세월이 흘러 나이가 들면 깜박깜

박하는데 덕은 무슨 유익이 있습니까? 때론 내 마음도 다스리지 못할 때가 있는데, 우선 마음이 편해야 하지 않겠습니까. 온 세상을 소유하고 최고의 학문을 수학했다고 해도 마음이 편해야 합니다. 평강의 복, 평화의 복이 제일입니다.

예수님께서 십자가에서 죽자, 제자들은 두려워서 한곳에 모여 숨을 죽이고 있을 때 부활하신 예수께서 "너희에게 평강이 있을지어다"라고 축복하셨습니다. 평강을 소유하고 사신다면 가장 큰 복을 누리고 있음에 감사하시고 혹시라도 평강을 상실하셨다면 말씀을 듣는 가운데 회복하는 은혜를 누리시길 축원합니다.

1. 항상 기뻐하라

4절을 보면 "주 안에서 항상 기뻐하라 내가 다시 말하노니 기뻐하라"고 하셨습니다. 평강을 누리려면 항상 기뻐해야 합니다. 항상 기뻐하는 것보다 더 중요한 것은 주 안에서입니다.

기뻐해야 평강을 누리지만 육적이거나 세상적인 조건에서 기뻐하는 것으로 오는 평강은 일시적입니다. 참 평강이 아닙니다. 그래서 본문은 주 안에서 기뻐하라고 말합니다.

그렇다면 '주 안에서'란 어떤 의미일까요? 금전의 기쁨, 노래의 기쁨, 성공의 기쁨, 취미의 기쁨을 말하는 것이 아니고 신앙적인 기쁨이 주 안에서의 기쁨입니다. 세속적인 기쁨은 주 안의 기쁨이 아닙니다. 주 안에 있는 신앙인에게는 기쁨이 있습니다. 즐거움이 있습니다.

어떤 즐거움일까요? 여러분 설교를 들으면서 말씀의 맛을 느끼십니까? 성경을 읽으면서 맛을 느끼십니까? 말씀의 맛을 누리고 사시기 바랍니다. 원수를 이기고, 교만을 이기고, 유혹을 이기고, 죄를 이김으로 오는 기쁨이 있습니다. 이외에도 구원의 기쁨, 부활의 기쁨, 영생의 기쁨도 있습니다.

세상을 사는 것은 불신자나 신자나 마찬가지입니다. 그럼에도 주 안에 있는 신자의 특징은 기쁨입니다. 그것도 항상 기쁨입니다. 그래서 바울은 데살로니가 교회에 편지하면서 항상 기뻐하라고 했습니다.

빌립보 교회 성도들은 바울이 고난과 감옥생활 가운데 있음에도 믿음에 굳게 서서 기뻐하고 있습니다. 바울은 기뻐할 수 있는 상황이 아닙니다. 목숨 걸고 하나님의 일에 충성했습니다. 그럼에도 멸시를 당하고, 매 맞고, 끌려가고, 감옥에 갇히는 신세가 되었습니다. 빌립보서를 쓰고 있는 장소도 감옥입니다. 바울이 이런 상황에서도 기쁨으로 사명을 감당하고 기뻐하라고 권면할 수 있었던 것은 주 안에 있었기 때문입니다.

성도 여러분, 항상 기뻐하시고, 기쁨을 상실했다면 회복하는 은혜를 받아 누리시길 축원합니다. 기쁨이 평강을 누리는 비결입니다.

2. 너희 관용을 모든 사람에게

5절을 보면 "너희 관용을 모든 사람에게 알게 하라 주께서 가까우시니라"고 하셨습니다.

이상근 목사님의 주석을 보면 관용이란 박해에 대한 온유성, 중상자에 대한 용서의 용의, 사무처리의 공정성, 남의 성격과 행동을 비판함의 공평성, 성격의 친절성 등과 같은 의미라고 설명하고 있습니다.

그럼에도 관용을 한 마디로 설명한다면 너그러운 마음, 남에게 아량을 베푸는 것을 말씀합니다. 그래서 예수님은 원수를 사랑하라고 말씀하셨습니다. 원수에게 복수하려고 한다면 영원히 평강을 누리는 것은 불가능합니다. 그러나 원수를 사랑할 수 있다면 누구든지, 언제든지 평강을 누릴 수 있습니다.

관용해야 될 이유는 주께서 가까우시기 때문입니다. 예수님께서 용서하라고 하셨습니다. 일흔 번씩 일곱 번이라도 용서하라고 하셨습니다. 우리는 죄인입니다. 사망선고를 받은 사람이지만 예수님의 십자가의 보혈로 용서를 받았기 때문에 남의 실수나 잘못을 용서하고, 용납하고, 너그럽게 대해야 합니다.

너그럽게 대하지 않고 주님 앞에 서게 되었을 때 주님이 우리를 법대로만 판단하신다면 우리는 용서 받지 못합니다. 구원도 영생도 없습니다. 바로 지옥으로 직행하고 말 것입니다.

관용에는 세 가지의 의미가 있습니다. 믿어 줌, 감싸 줌, 용서입니다. 믿어 주고, 감싸 주고, 용서하는 것이 남에게 너그럽게 대하는 것입니다. 항상 기뻐하면 남을 너그럽게 용서하는 관용의 덕이 풍부하게 됩니다.

성경은 우리에게 관용을 알라고 가르치는 것이 아닙니다. 모든 사람에게 알게 하라고 말씀합니다. 우리를 통해 관용을 알게 하려면 내가 관용에 대해서 아는 정도로는 안 됩니다. 알 뿐 아니라 너그럽게 살아서 너그럽게 사는 모습을 보게 해야 된다는 것입니다.

중국 춘추시대에 관중이라는 뛰어난 정치가가 있습니다. 관중과 '관포지교'라는 고사성어가 유래할 정도로 우정을 나눈 포숙이라는 친구가 있습니다. 관중과 포숙은 그야말로 둘도 없이 친한 친구입니다. 이 사람들이 장사를 해서 관중이 이익을 더 가지면, 포숙은 "그가 집이 가난하기 때문이야"라며 이해하고, 또 관중이 사업에 실패하면, 과거에도 세 번이나 실패했을 때도 포숙은 "관중은 때를 잘못 만난 거야. 그의 재능이 아깝다"라고 말하며 아쉬워했습니다.

관중이 전쟁에 나가 세 번이나 도망쳤을 때도 포숙은 "그에게는 늙으신 어머니가 계셨기 때문이야"라고 하며 포숙은 끝까지 관중을 이해하려고 했습니다. 훗날 관중은 "세상에 나를 알아주는 사람은 오직 포숙뿐이야!"라고 했습니다. 그래서 지금도 사람들은 변함없는 우정, 뗄 수 없이 가까운 사이를 관포지교라고 합니다.

이렇게 모든 사람에게 관용을 알게 하는 사람으로 살라고 가르치고 있습니다. 이런 사람에게 평강이 있다는 것입니다.

3. 하나님께 아뢰라

6절을 보면 "아무 것도 염려하지 말고 다만 모든 일에 기도와 간구로, 너희 구할 것을 감사함으로 하나님께 아뢰라"고 하셨습니다. 세상의 어떤 힘도 기도의 능력보다 큰 것은 없습니다. 재력과 권력과 명예가 아무리 대단해도 기도의 능력과는 비교가 안 됩니다.

하나님께 아뢰면

① 모세처럼 전쟁에서 승리합니다(출 17:11).

② 히스기야처럼 생명도 연장됩니다(왕하 20:5~6).

③ 병도 고칩니다(약 5:16).

④ 비를 오게도 하고 안 오게도 합니다(약 5:17~18).

이것 외에도 기도의 능력은 무한합니다. 어떤 문제라도 기도로 해결 못 할 것은 없습니다. 그래서 본문 7절은 "그리하면 모든 지각에 뛰어난 하나님의 평강이 그리스도 예수 안에서 너희 마음과 생각을 지키시리라"고 했습니다.

기도하면 하나님께서 응답하십니다. 해결해 주십니다. 기도보다 좋은 방법은 없습니다. 위기를 만나서 당황하며 기도하는 것보다 평상시 기도하는 것이 지혜로운 신앙인의 자세입니다. 무엇보다 우리가 구할 것을 감사하므로 하나님께 기도함으로 평강, 평화, 평안을 누리고 사시는 성도들과 가정이 되시길 축원합니다.

2021년 현재 한국인의 종교 분포를 보면 개신교가 17%, 불교 16%, 천주교 6%라는 통계가 있습니다. 그 외에 세계에는 수많은 종류의 종교가 있습니다.

그러나 죽음의 문제를 해결한 종교는 기독교뿐입니다. 불교의 교주 석가모니는 80세에 죽어 인도 참수서당에 무덤을 남겼고, 이슬람의 교주 마호멧은 63세에 죽어 아라비아 메카에 웅대한 무덤을 남겼습니다. 유교의 교주 공자는 73세에 죽어 중국 청평양에 무덤을 남겼습니다.

그러나 예수님은 무덤이 없습니다. 예수님은 부활하셨습니다. 혹시 기독교를 무너뜨리고, 세계적으로 유명 인사가 되려는 꿈이 있으시다면 제가 방법을 알려드릴게요. 예수님의 무덤을 찾으세요. 그러면 하루아침에 세계를 놀라게 하는 유명 인사가 됩니다.

기독교는 무덤이 없는 종교일 뿐 아니라 죽음을 해결한 종교는 기독교뿐이라는 것입니다. 어떤 종교도 해결 못 한 죽음의 문제까지 해결한 종교이기에 기도하면 불가능이 없습니다. 어떤 문제로 고민하고 염려하고 두려워한다고 해도 기도하면 하나님께서 응답하십니다. 응답의 결과는 평강입니다.

인간은 누구나 평강을 누리며 살기를 원하고 평안하게 살기를 소망합니다. 그러나 평강을 누리는 사람은 주안에 사는 사람뿐입니다. 기쁨과 관용, 기도로 평강을 회복하고 사는 성도가 되시길 축원합니다.

28

질서

"내가 그리스도를 본받는 자가 된 것 같이 너희는 나를
본받는 자가 되라 너희가 모든 일에 나를 기억하고 또 내가 너
희에게 전하여 준 대로 그 전통을 너희가 지키므로 너희를 칭
찬하노라 그러나 나는 너희가 알기를 원하노니 각 남자의 머리
는 그리스도요 여자의 머리는 남자요 그리스도의 머리는 하나
님이시라 무릇 남자로서 머리에 무엇을 쓰고 기도나 예언을 하
는 자는 그 머리를 욕되게 하는 것이요 무릇 여자로서 머리에
쓴 것을 벗고 기도나 예언을 하는 자는 그 머리를 욕되게 하는
것이니 이는 머리를 민 것과 다름이 없음이라 만일 여자가 머리
를 가리지 않거든 깎을 것이요 만일 깎거나 미는 것이 여자에
게 부끄러움이 되거든 가릴지니라 남자는 하나님의 형상과 영
광이니 그 머리를 마땅히 가리지 않거니와 여자는 남자의 영광
이니라 남자가 여자에게서 난 것이 아니요 여자가 남자에게서
났으며 또 남자가 여자를 위하여 지음을 받지 아니하고 여자가
남자를 위하여 지음을 받은 것이니 그러므로 여자는 천사들로
말미암아 권세 아래에 있는 표를 그 머리 위에 둘지니라 그러
나 주 안에는 남자 없이 여자만 있지 않고 여자 없이 남자만 있

지 아니하니라 이는 여자가 남자에게서 난 것 같이 남자도 여
자로 말미암아 났음이라 그리고 모든 것은 하나님에게서 났느
니라"(고전 11:1~12).

성경은 이렇게 시작합니다. "태초에 하나님이 천지를 창조하
셨다. 그런데 땅은 혼돈했고 공허했고 흑암이 깊음 위에 있고
하나님의 영은 수면 위에 운행했고, 하나님이 이르시되 빛이 있
으라 하시니 빛이 있었다."

마태복음 6장 33절을 보면 "그런즉 너희는 먼저 그의 나라
와 그의 의를 구하라 그리하면 이 모든 것을 너희에게 더하시
리라"고 말씀하고 있습니다. 이 말씀에 의하면 창조는 무질서
한 데서 질서를 회복했다는 의미입니다. 그리고 먼저 구하라는
말씀도 기도만이 아니고 모든 일에는 질서가 있음을 밀씀하고
있습니다. 운동할 때나 요리할 때나 운진힐 때를 비롯한 일상
생활에도 심지어는 신앙생활에도 순서가 있습니다. 질서가 있
습니다.

우리나라 사람들이 한 때 미국과 캐나다로 이민을 많이 갔습
니다. 이민가서도 질서를 따랐다고 합니다. 먼저 교회를 세우고
다음에는 자녀들 교육시키고 그리고 자기들 집을 세웠다는 것
입니다. 이 분들은 내가 살 집보다 먼저 교회를 세운 거에 대한

자부심을 가지고 있습니다. 이렇게 질서 있게 했더니 하나님께서 복을 주셨다고 간증을 합니다.

애굽을 정복하기 위해 나폴레옹이 지중해를 건너고 있을 때 갑판 위에서 병사 두 명이 다투고 있었습니다. 다투는 이유는 한 명은 하나님이 존재한다는 것이고, 다른 사람은 하나님은 존재하지 않는다는 것입니다.

이들에게 나폴레옹은 하늘을 바라보라면서 "수많은 별을 보고도 하나님이 계신다는 것을 믿지 않겠는가?"라고 말했습니다. 나폴레옹과 하나님의 존재를 인정하고 있는 한 병사는 수많은 별들의 질서 속에서 하나님의 살아 계심을 느낀 것입니다.

수많은 자동차가 달리는 고속도로에서도 사고가 나는데 자동차 숫자와 비교도 안 되는 엄청난 별들이 속도와 질서를 가지고 움직이는 것을 보면 하나님의 창조와 질서 있게 우주를 운행하시는 하나님의 섭리를 느끼지 않을 수 없는 것입니다.

"생명의 신비"라는 책을 저술한 '크레서 모리슨'은 뉴욕아카데미 원장을 지낸 과학자입니다. 그는 "생명의 신비"라는 책에서 하나님을 믿는 이유 7가지를 밝히고 있습니다.

일곱 가지 가운데 지구의 자전속도와 태양과의 거리만 가지고도 하나님을 믿을 수밖에 없다고 고백합니다. 작은 팽이도 돌리는 사람이 없다면 돌지 않는데 지구가 태양을 도는 데 너무 가까이 다가가면 다 타서 없어질 것이고, 너무 멀어지면 모두가 얼음덩이가 되고 말 것입니다.

이렇게 적당한 거리를 두고 회전하는 것은 하나님께서 질서를 잡고 계시기 때문입니다. 하나님은 질서의 하나님이십니다. 하나님의 창조는 질서의 하나님이심을 나타내는 것입니다. 신앙은 질서입니다. 교회와 인간의 삶도 질서입니다. 질서는 정상이고 무질서는 비정상입니다.

그러므로 신앙인이면 어디서나 질서를 지켜야 합니다. 질서가 무너졌다면 반드시 회복시켜야 합니다. 가정과 직장과 사회와 교회 어디서나 질서를 지켜야 합니다. 특히 예수 믿는 신앙인이기에 하나님과의 관계에서 질서를 지키고, 교회 안에서도 질서를 지키는 성도가 되시길 축원합니다. 그렇다면 교회 안에서 어떻게 질서를 회복해야 될까요?

1. 나를 본받는 자가 되라

1절 말씀을 보면 "내가 그리스도를 본받는 자가 된 것 같이 너희는 나를 본받는 자가 되라"고 하였습니다.

바울이 고린도 교인들에게 자기를 본받으라고 말씀하는 것을 보면 매우 교만한 모습인 것 같지만, 사실은 자기를 본받으라는 것은 자기가 아니라 자기가 본받은 예수를 본받으라는 말씀입니다.

예수를 본받는다는 것은 예수 중심의 삶을 산다는 것입니다. 신앙인이면 반드시 예수 중심이 되어야 합니다. 바울의 일생은 한마디로 말한다면 예수로 살아가는 삶입니다. 예수 중심의 삶이라는 것입니다.

1950년 9월 17일 공산당에게 윤임례 씨가 순교를 당했습니다. 전북 정읍 두암교회에 공산당원들이 들이닥쳐 예배 중지 통보를 했지만, 받아들일 수가 없었습니다. 신앙의 여인 윤임례 씨는 장남인 김용은 전도사를 피신시키고 "예배를 포기하면 안 되고 교회를 지켜야 한다. 너희는 먼저 도망가라"고 말하고 윤 씨는 교회를 지키다가 공산당원들의 칼에 죽어 갔고 그 후 한 달 만에 두암교회 교인 23명이 하나님 나라에 가고 말았습니다.

이런 환란 가운데서도 교회 문을 닫지 않았습니다. 예배가 중지되는 일이 없었습니다.

두암교회는 오히려 반석 위에 세운 교회가 되었고, 순교자의 피는 교회 부흥의 씨앗이 되었습니다. 그 후손 116명은 교회와 사회에 봉사하는 복 받은 자손이 되었습니다. 목사도 10명이 배출되었습니다.

신앙생활은 연조가 많거나 교회에서 중요한 직책을 맡거나 사람들에게 인정받는 것 같아도 영적인 진보가 있어야 합니다. 생활의 변화가 있어야 합니다. 이것이 없다면 아직 주님 중심의 신앙생활을 못 하고 있다는 증거입니다.

신앙도 예수님 중심만 되면, 흔들리지 않습니다. 혹 넘어졌다가도 쉽게 일어납니다. 오뚜기 같은 원리입니다. 예수 중심의 신앙인은 예수님을 주님으로 고백합니다. 자기는 주님의 종이라고 인정합니다. 예수 중심의 사람은 예수님께 순종합니다.

마리아를 생각해 보십시오. 처녀입니다. 남자를 가까이 한 적도 없습니다. 어느 날 갑자기 천사가 "마리아여 무서워하지 말라. 네가 하나님의 은혜를 입었느니라 보라 네가 잉태하여 아들을 낳으리니 그 이름을 예수라 하라"라고 이해할 수 없는 말을 하자, 마리아는 "나는 남자를 알지 못하니 어찌 이 일이 있으리이까"라고 합니다. 천사는 친족 가운데 엘리사벳도 늙어서 아들을 임신한 사실을 예를 들어 가능성을 말했습니다. 결국, 마리아는 "주의 여종이오니 말씀대로 내게 이루어지이다"(눅 1:38)라고 순종했습니다.

이때 마리아의 모습을 보면 자기는 부정되고 예수님만 나타난 모습입니다. 중심이 완전히 주님께로 기울어진 모습입니다. 사람마다 자기중심으로 살려고 합니다. 자기중심으로 일하려고 합니다. 그러나 신앙인의 질서는 내가 중심이 아니고, 주님 중심이어야 합니다. 주님 중심, 예수 중심으로 질서를 잡고 신앙생활하는 성도가 되시길 축원합니다.

2. 남자의 머리는 그리스도요

3절을 보면 "그러나 나는 너희가 알기를 원하노니 각 남자의 머리는 그리스도요 여자의 머리는 남자요 그리스도의 머리는 하나님이시라"고 하였습니다.

이 말씀을 보면 남자 위에 그리스도, 여자 위에 남자 - 그리스도 위에 하나님 다시 말씀드리면, 하나님 밑에 그리스도, 그리스도 아래 남자, 남자 아래 여자라는 생각이 들게 하지만, 그것이 아닙니다. 남녀 관계를 상하관계로 말하는 것도 아니고 계급적으로 보는 것도 아닙니다.

남녀 관계는 동등합니다. 각자의 역할을 감당하면서 서로 협력, 보완하는 관계입니다. 이것이 성경에서 말씀하시는 질서의 원리입니다. 교회는 예수님 중심이 되어야 하고 동시에 말씀 중심이 되어야 합니다. 경험이 중요합니다. 지식도 소중합니다. 체면도 필요합니다. 그러나 하나님의 질서, 사람들과의 질서를 위해서는 말씀 중심이 되어야 합니다.

대한예수교장로회 헌법 제1편 제5부 제1장을 보면 "신구약 성경은 하나님의 말씀이며... 우리 신앙과 행위에 대한 정확무오한 유일의 법칙임을 믿는다. 성경은 신앙과 행위에 관한 가장 정확한 표준이므로 그것에 관련된 모든 것은 성경의 의해서 판단 받아야 한다"라고 되어 있습니다.

성경 외에 다른 책들은 수정하고 보완합니다. 그러나 성경은 하나님의 말씀입니다. 우리의 마음과 행위도 성경 중심입니다. 성경이 기준입니다. 우리가 남을 비판하는 것이 아닙니다. 도덕적이고 윤리적인 사람이 믿음과 행위의 기준이 아닙니다.

성경 말씀이 기준입니다. 말씀 중심으로 살아야 합니다. 그러려면 성경을 읽어야 합니다. 알아야 합니다. 먹기에 불편해도 생선에는 가시가 있는 것이 정상입니다. 가시가 있다고 생선을 먹지 않는 사람은 없습니다. 이처럼 성경을 읽을 때 잘 모른다고, 이해가 안 되고, 믿어지지 않는다고 덮어 버리면 안 됩니다. 조심조심 생선 가시를 발라내고 먹는 것처럼 기도하면서 조심조심 차근차근 성경을 읽어야 합니다.

목사이며 유명한 설교자이고 다양한 방면에서 선교했던 오스왈드 스미스(Oswald J.Smith)는 이런 말을 했습니다.

"성경을 읽되 생선을 먹듯이 읽으라."

3. 머리에 쓴 것을 벗고

5절 말씀을 보면 "무릇 여자로서 머리에 쓴 것을 벗고 기도나 예언을 하는 자는 그 머리를 욕되게 하는 것이니 이는 머리를 민 것과 다름이 없음이라"고 하였습니다.

고린도전서가 기록될 당시 고린도의 미혼 여성들은 공적인 회식 자리에 나가지 않았습니다. 결혼을 해도 집안의 부녀 방에서 좀처럼 나오지 않았다고 합니다. 부득불 외출할 때는 전신을 싸는 '처네'를 썼습니다. 지금도 천주교에서 미사를 드릴 때 여자들은 반드시 수건을 씁니다. 바울 당시 '처네'를 쓰는 것이 덕이 되었기 때문에 이것을 권장한 것입니다.

"유석의 행복샘"에 나오는 글입니다.

"사장에게는 재능과 덕 가운데 무엇이 더 중요할까? 단도직입적으로 말하면 사장에게 필요한 것은 재능이 20%이고 덕이 80%다. 재능이라는 업무능력보다 덕이라는 인간력이 네 배는 더 중요하다."

예수 믿는 우리가 교회에서나 가정이나 사회에서 질서를 지키는 이유는 덕을 세우기 위해서입니다. 고린도 교회 안에는 은사를 받은 사람들이 많았습니다. 이들 가운데는 자기를 선지자나 신령한 사람으로 생각하는 사람들이 많았습니다(고전 14:34).

고린도 교회의 예배 순서는 찬송시와 말씀의 가르침과 계시와 방언과 통역 그리고 예언으로 이루어졌습니다. 그런데 예배의 질서가 없었습니다. 그래서 바울은 "모든 것을 덕을 세우기 위해서 하라"(고전 14:23)고 했습니다. 질서를 지킴으로 모든 것을 교회에 도움이 되도록 하라는 것입니다.

교회 안에서 직분을 감당하거나 봉사할 때 많이 하고, 열심히 하는 것도 중요합니다. 그러나 덕이 되어야 합니다. 믿음으로 끝나는 것이 아니라 믿음에 덕을 더 해야 합니다. 믿음과 덕은 기차 레일과 같습니다. 기차 레일은 두 개가 있어야 합니다. 하나만 가지고는 쓸모가 없습니다. 믿음과 덕도 마찬가지입니다.

성도 여러분, 믿음에 덕을 꼭 갖추고 사시기 바랍니다. 예수 중심, 성경 중심, 덕 중심의 질서를 회복하고 하나님을 섬기는 신앙생활을 하시기를 축원합니다.

29

침체

　　"임멜의 아들 제사장 바스훌은 여호와의 성전의 총감독이라 그가 예레미야의 이 일 예언함을 들은지라 이에 바스훌이 선지자 예레미야를 때리고 여호와의 성전에 있는 베냐민 문 위층에 목에 씌우는 나무 고랑으로 채워 두었더니 다음날 바스훌이 예레미야를 목에 씌우는 나무 고랑에서 풀어 주매 예레미야가 그에게 이르되 여호와께서 네 이름을 바스훌이라 아니하시고 마골밋사빕이라 하시느니라 여호와께서 이와 같이 말씀하시되 보라 내가 너로 너와 네 모든 친구에게 두려움이 되게 하리니 그들이 그들의 원수들의 칼에 엎드러질 것이요 네 눈은 그것을 볼 것이며 내가 온 유다를 바벨론 왕의 손에 넘기리니 그가 그들을 사로잡아 바벨론으로 옮겨 칼로 죽이리라 내가 또 이 성읍의 모든 부와 그 모든 소득과 그 모든 귀중품과 유다 왕들의 모든 보물을 그 원수의 손에 넘기리니 그들이 그것을 탈취하여 바벨론으로 가져가리라 바스훌아 너와 네 집에 사는 모든 사람이 포로 되어 옮겨지리니 네가 바벨론에 이르러 거기서 죽어 거기 묻힐 것이라 너와 너의 거짓 예언을 들은 네 모든 친구도 그와 같으리라 하셨느니라 여호와여 주께서 나를 권유하시므로 내가 그 권유를 받았사오며 주께서 나보다 강하사 이기셨으므로 내가 조롱 거리가 되니 사람마다 종일토록 나를 조롱하나이다 내가 말할 때마다 외치며 파멸과 멸망을 선포하므로 여호와의 말씀으로 말미암아 내가 종일토록 치욕과 모욕 거리가 됨이니이다 내가 다시는 여호와를 선포하지 아니하며 그의 이름으로 말하지 아니하리라 하면 나의 마음이 불붙는 것 같아서 골수에 사무치니 답답하여 견딜 수 없나이다"(렘 20:1~9).

세계 2차대전의 영웅인 프랑스의 몽고메리(B. Mont Gomery) 장군에게 어떤 기자가 "이번 전투에서 어느 편이 이길까요?"라고 물었습니다. 몽고메리 장군은 이렇게 대답했습니다. "노래를 잘 부르는 쪽이 이길 것이요." 말도 안 되는 대답 같지만, 그의 대답 속에 승리의 비결이 들어있습니다.

전쟁 속에서 노래를 부른다는 것은 긍정적이고 낙관적인 인생관을 가졌다는 의미이고, 부정적인 사람, 비관적인 사람은 이길 수 없다는 말입니다. 다시 말씀드리면 정신적인 전력이 전쟁의 승리를 좌우한다는 것입니다. 그리고 정신적인 침체의 주범은 비관적인 인생관입니다.

엘리야는 아합 왕에게 가뭄을 선포하고, 가진 것이라고는 통에 가루 한 움큼과 병에 기름 조금 밖에 없어서 이것으로 음식을 만들어 아들에게 먹이고 그 후에 죽으려고 생각했던 사렙다 과부에게 통의 가루가 떨어지지 아니하고 병의 기름이 없어지지 않는 기적을 행한 능력의 선지자입니다.

그뿐만 아니라, 이방 선지자 850명을 상대로 여호와의 불이 내려서 번제물과 나무와 돌과 흙을 태우고 도랑의 물을 핥게 하므로 여호와 하나님이 참 신인 것을 증거한 능력의 선지자입니다.

이런 일이 있고 난 다음 이세벨이 죽이려고 하자 엘리야는 자기 생명을 위해 브엘세바로 도망갔습니다. 그곳에서 다시 광야로 도망하여 로뎀나무 아래에 앉아서 하나님께 이렇게 기도했습니다.

"지금 내 생명을 거두시옵소서. 나는 내 조상들보다 낫지 못하나이다."

이방 선지자 850명을 상대로 이김으로 신앙적으로 최고의 절정에 올랐던 엘리야가 이세벨이 죽이려 하자 광야로 도망가서 죽기를 기도하는 가장 절망적인 처지가 되고 말았습니다.

영적으로 보면 그야말로 침체되고 말았습니다. 인간이기에 절정에 올라가기도 하고 침체에 빠지기도 하지만, 빠졌다면 반드시 회복해서 올라서야 합니다. 계속 침체 가운데 머물면 안 됩니다.

모세와 베드로와 유다 같은 이들도 침체에 빠진 적이 있습니다. 이때 모세와 베드로는 침체를 벗어났지만, 유다는 벗어나지 못했습니다.

밴스 하브너(Vance Havner)라는 저명한 설교자는 자신의 아내가 죽은 다음, 일기를 남겼는데 이 일기에서 신앙인의 삶에는 세 가지 유형이 있다고 했습니다. 최상, 평범, 어두운 나날이 있다는 것입니다. 그런데 어두운 나날이 계속되면 침체되고 의기소침해진다고 했습니다.

예레미야는 자신의 인생을 고생(trouble), 슬픔(sorrow), 수욕(shame) 이 세 단어로 말하고 있습니다. 이것을 가리켜 '불경기, 우울함, 저기압, 압박'이라고 합니다. 지금 예레미야는 심각한 압박을 받고 있습니다. 우울함을 겪고 있습니다.

2008년에는 전 세계가 갑자기 압박을 받았습니다. 미국에서 시작된 금융위기로 주가하락, 환율상승의 경제 위기를 만났습니다. 주식 투자도 5조의 손실을 입은 사람도 있습니다. 현재는 코로나 팬데믹으로 생명과 경제와 직장에 엄청난 피해를 입고 있습니다. 이것은 우리나라만의 일이 아닙니다. 온 세계가 당하는 현실입니다. 종교계에도 엄청난 부작용을 가져왔습니다. 이렇게 생명과 경제와 직장만이 아니고 교회에도 침체를 가져왔습니다.

1. 나무 고랑으로 채워 두었더니 (2절)

2절을 보면 "이에 바스훌이 선지자 예레미야를 때리고 여호와의 성전에 있는 베냐민 문 위층에 목에 씌우는 나무 고랑으로 채워 두었더니"라고 하였습니다.

개역개정판 성경에는 나무 고랑으로 채워 두었고, 개역 성경에는 "착고에 채웠더니"라고 번역되어 있습니다. 예레미야는 B.C 627년경 요시야 왕 때 소명을 받았습니다. 그 후 예루살렘 멸망 직후까지 남왕국 유다를 중심으로 활동하면서 임박한 재난과 그에 따른 회개를 촉구했던 구약의 대용적인 선지자 가운데 한 사람입니다.

예레미야는 하나님의 말씀을 전하는 예언자로서 사명을 따라 말씀을 전했는데 나무고랑으로 채워졌습니다. 바스훌은 성전의 질서를 지키는 경찰청장과 같은 직책입니다. 바스훌이 예레미야를 때리고 여호와의 집 베냐민의 윗문에 있는 나무 고랑에 채웠습니다.

유다 백성들은 때릴 때 39대를 때립니다. 40대를 때리지 못하게 율법에 규정하고 있기 때문입니다. 그래서 40에 하나 감한 곤장을 치는 것입니다. 그리고 착고에 채웠습니다.

세상 삶에는 이유 없는 고난을 당할 때도 있습니다. 이런 일들을 통해 하나님은 모든 것을 합력하여 선하게 하십니다.

1996년 그러니까 지금으로부터 26년 전입니다. 당시 우리나라 국민소득은 1만 달러가 넘으면서 교회 출석률은 40%로 떨어졌습니다. 생활의 여유가 생기고 살만하니까 교인들은 교회를 가지 않고 산과 바다나 사업장으로 갔습니다. 기도원도 출석률이 30%로 떨어졌습니다. 결국, 열악한 기도원들은 문을 다 닫아야 했습니다.

그렇다면 교인들의 출석률이 가장 좋았던 때는 언제였을까요? 6.25전쟁 때입니다. 전쟁으로 온 국민이 고통과 괴로움을 겪을 때 교회 출석률은 95%였다고 합니다. 고난이 닥치면 영혼에 구원의 불길이 타오르는 것입니다.

잘 입고, 잘 먹고, 잘살게 되면 하나님을 향한 마음이 식어지고 느슨해집니다. 그래서 하나님은 고난을 통해 하나님을 간절하게 찾게 하고 강한 믿음을 갖게 하려고 고난을 주십니다.

욥은 동방의 의인입니다. 하나님의 신실한 종입니다. 자신은 물론이고 자녀들을 위해서 혹시라도 저질렀을지도 모르는 죄악을 사함받기 위해 매일 하나님께 회개의 제사를 드렸습니다. 아무런 잘못도 없이 엄청난 시련과 극심한 고통은 당했지만, 하나님을 떠나지 않은 사람이 욥입니다.

고통이 신앙의 침체를 가져오는 예가 많지만, 예레미야도 나쁜 일을 한 것이 아닙니다. 의로운 일을 했음에도 나무 고랑으로 채워지는 고통을 당했습니다. 이런 고통으로 영적인 침체의 원인이 되지 말고 오히려 하나님의 섭리를 바라는 기회로 삼으시길 축원합니다.

2. 주께서 나를 권유하시므로

7절을 보면 "여호와여 주께서 나를 권유하시므로 내가 그 권유를 받았사오며 주께서 나보다 강하사 이기셨으므로 내가 조롱 거리가 되니 사람마다 종일토록 나를 조롱하나이다"라고 하였습니다.

권유한다는 말은 '유혹하다, 속이다, 설득하다'라는 뜻입니다. 출애굽기 22장 16절에는 이 단어가 성적으로 유혹하는 것으로 쓰였습니다. 신뢰 관계가 되면 관계가 좋아집니다. 그러나 아무리 좋았던 관계라도 신뢰 관계가 무너지면 관계가 지속되기 어렵습니다. 그런데 예레미야 선지자는 관계에 어려움을 겪고 있습니다.

첫째로 10절 전반절에 의하면 "나는 무리의 비방과 사방이 두려워함을 들었나이다 그들이 이르기를 고소하라 우리도 고소하리라 하오며"라고 고백합니다. 원수들이 사방에서 비방과 협박을 하고 있습니다. 근거 없는 비방이지만 자꾸 들으니 예레미야는 우울합니다. 얼마나 괴롭겠습니까.

둘째로, 10절 후반절을 보면 "내 친한 벗도 다 내가 실족하기를 기다리며 그가 혹시 유혹을 받게 되면 우리가 그를 이기어 우리 원수를 갚자 하나이다"라고 하였습니다. 예레미야의 친구들은 예레미야가 실족하기를 기다립니다. 유혹받기를 기다리고 있습니다. 친한 친구라는 사람들이 유혹하고 타락시키겠다고 하니 예레미야는 친구 관계도 어려움이 있습니다.

셋째로 7절을 보면 "여호와께서 나를 권유하시므로 내가 그 권유를 받았사오며"라고 하였습니다. 예레미야는 원수의 관계, 친구와의 관계가 어렵습니다. 그뿐만 아니라 하나님과의 관계도 좋지 않습니다. 예레미야는 하나님이 자신을 속여 선지자가 되면 좋을 줄 알고 되었는데 비방을 당하고 조롱거리가 되었다고 했습니다.

관계가 깨어지면 영적인 침체가 옵니다. 우울하기도 하고 압박을 받기도 합니다. 요즘은 전도가 어렵습니다. 교회마다 전도가 안 된다고 합니다. 그러나 아무리 전도가 어렵고, 아니 불가능하다고 해도 관계만 좋으면 전도는 됩니다.

그래서 요즘 새로 교회 오는 사람들은 관계 전도를 받고 교회에 옵니다. 생소한 사람들에게 전도하면 효과가 별로 없습니다. 그러나 친구 관계, 이웃 관계, 혈족 관계, 관계를 통해서는 전도가 됩니다. 관계 전도가 현대인들에게는 효과가 있습니다. 관계 전도를 할 때 갖추어야 할 조건이 있습니다.

① 믿음입니다.

② 기도의 능력입니다.

③ 태도입니다.

예레미야 선지자는 원수와의 관계, 친구와의 관계가 불신 관계입니다. 하나님과의 관계도 무너져 하나님께 불평하고 있습니다. 하나님께서 자신을 속였다는 것입니다. 종교개혁자인 마르틴 루터가 "예레미야를 비난하는 사람은 인생을 알지 못하는 사람이다"라는 유명한 말을 했습니다.

교회를 개척하는 목사님이 하루 라면 두 개로 끼니를 잇고 있는데 하루는 어떤 사람이 쫄면을 가지고 왔답니다. 그래서 고추장을 풀어서 끓였더니 냄새가 구수하더랍니다. 쫄면을 먹게 해 주셔서 감사하다고 한참 식사 기도를 하고 눈을 떠 보니 쫄면 색깔이 원래보다 더 빨갛더랍니다. '왜 그럴까?' 생각해 보니 기도하다가 코피가 나 쫄면에 떨어져 빨개진 것입니다. 그래서 '이걸 먹을까! 말까!' 고민하다가 먹었답니다.

이처럼 주의 일을 하다보면 어려움을 겪을 때가 있습니다. 그렇다고 하나님을 원망하지 말고 불평도 하지 말고 더욱 하나님을 바라보시기 바랍니다. 반드시 하나님의 선하신 뜻이 있습니다.

3. 내가 말할 때마다

8절을 보면 "내가 말할 때마다 외치며 파멸과 멸망을 선포하므로 여호와의 말씀으로 말미암아 내가 종일토록 치욕과 모욕거리가 됨이니이다"라고 하였습니다.

침체에서 벗어나는 길은 "내가 말할 때마다"입니다. 예레미야는 말씀을 전했는데 고통이 왔고 하나님께서 속였어도 하나님께 계속 말했습니다. "하나님이 저를 속이셨습니다. 제가 사람들에게 온통 비방거리가 되었습니다. 사방에 두려움이 있습니다"라고 하며 계속 하나님께 말했습니다.

아무런 말을 하지 않고 자신의 마음속에 차곡차곡 쌓아 두는 사람은 그야말로 우울증, 저기압, 압박으로 인해 언젠가는 폭발하고 맙니다. 그러므로 계속 하나님께 말하고 다시 말씀드리며 하나님께 기도하는 것은 영적인 침체에서 벗어나는 방법입니다. 이런 면에서 기도는 살길입니다. 기도가 돌파구입니다.

성도 여러분, 심리적으로 눌려 있습니까? 마음이 답답하십니까? 육체적으로 질병 가운데 있으십니까? 남모르는 고민으로 밤잠을 설치십니까?

이럴 때는 기도할 때입니다. 하나님께 말해야 합니다. 영적인 침체 현상의 첫 단계가 기도가 소홀해지는 것입니다. 기도가 형식적이고 습관적인 데에 머물러 있거나 아예 기도하지 않고 있다면 영적으로 침체되었다는 것입니다.

기도하면 하나님과 교제가 깊어지고 마음에 기쁨이 충만합니다. 그러나 기도 시간이 짧아지고 기도 횟수도 줄었다면 '영적 침체 1단계구나'라고 생각하면 틀림없습니다. 영적인 침체뿐 아니라 모든 어려움에서 벗어 나는 최상의 방법은 기도입니다. 그러므로 신앙인이 가장 열심히 하고, 가장 많이 하고, 공을 들여야 하는 것은 기도입니다.

독일 고백교회 목사이며 신학자인 본회퍼(Dietrich Bonhoeffer)는 성도의 사귐에서 서로가 서로를 위해서 할 수 있는 것으로 세 가지 가능성을 제시했습니다.

첫째는 이웃을 위해서 자기를 부정하는 것, 둘째는 성도들이 서로를 위해서 기도하는 중보의 기도와 행동이며, 셋째는 하나님의 이름으로 서로의 사죄를 허락하는 것이라고 했습니다.

성도 여러분, 영적으로나 육적으로 침체 가운데 있다면 회복하는 은혜를 누리고 사시길 축원합니다.

30

피곤

"여호와여 속히 내게 응답하소서 내 영이 피곤하니이다 주의 얼굴을 내게서 숨기지 마소서 내가 무덤에 내려가는 자 같을까 두려워하나이다 아침에 나로 하여금 주의 인자한 말씀을 듣게 하소서 내가 주를 의뢰함이니이다 내가 다닐 길을 알게 하소서 내가 내 영혼을 주께 드림이니이다 여호와여 나를 내 원수들에게서 건지소서 내가 주께 피하여 숨었나이다 주는 나의 하나님이시니 나를 가르쳐 주의 뜻을 행하게 하소서 주의 영은 선하시니 나를 공평한 땅에 인도하소서 여호와여 주의 이름을 위하여 나를 살리시고 주의 의로 내 영혼을 환난에서 끌어내소서 주의 인자하심으로 나의 원수들을 끊으시고 내 영혼을 괴롭게 하는 자를 다 멸하소서 나는 주의 종이니이다"(시 143:7~12).

미국이 남북전쟁으로 전쟁의 끝이 보이지 않을 때인 1863년 링컨 대통령은 보좌관 노아 브룩스(Noah Brooks)와 함께 전선을 시찰하고 있었는데 대통령의 얼굴을 보니 매우 피곤해 보였고 얼굴은 창백해졌습니다. 그래서 대통령에게 백악관으로 돌아가 쉬는 게 좋겠다고 조언을 했습니다. 그러자 대통령은 이렇게 대답했습니다.

"휴식이라! 나는 휴식을 모른다네. 휴식은 몸을 위해서는 매우 좋은 것이겠지. 그러나 내게 피곤한 부분은 나의 내면, 즉 닿을 수 없는 곳에 있다네."

육체적 피곤은 모든 피곤의 시작이지만 휴식하면 쉽게 풀어질 수 있습니다. 그러나 육체적 피곤보다는 정신적, 감정적 피곤은 더 건강을 해칩니다. 무엇보다 영적인 피곤은 문제를 더 어렵게 하고 복잡하게 합니다.

우리는 육체적인 피곤보다 정신적인, 감정적인 피곤에 더 관심을 가져야 합니다. 정신적이고 감정적인 피곤보다는 영적인 피곤에 더 관심을 가져야 합니다.

MBC 방송국에서 서울에 살고 있는 천 명을 대상으로 스트레스 증세에 대해 설문조사를 한 적이 있습니다. 응답자의 95.7%가 가정문제나 직장문제로 스트레스를 받고 있다고 대답했습니다. 그 결과 우울증, 식욕부진, 위장병, 불면증, 노이로제, 편두통 순으로 스트레스로 인한 고통을 겪고 있다고 했습니다.

남자들은 직장에서 일이 잘 안 풀릴 때 가장 많은 스트레스를 받고, 그 다음은 아내와 싸울 때였습니다. 여자들은 자녀문제로 가장 스트레스를 많이 받고 다음은 부부싸움이라고 했습니다. 스트레스 해소 방법으로는 술이나 담배, 목욕, 고스톱, 수면 등이라고 응답했습니다.

현대인들은 피로감을 달고 살고 있습니다. 피로는 그때 그때 풀어 주어야 합니다. 피로함을 방치하면 만성 피로를 넘어서 면역력 저하로 각종 질병의 원인이 된다고 합니다. 빈혈, 갑상선 질환, 루마티스 관절염, 우울증은 지나친 피로의 결과입니다. 피곤함을 회복하기 위해서는 4가지 생활 수칙이 있습니다.

① 기상시간 엄수
② 스트레칭, 온몸의 근육을 늘려준다는 느낌으로 스트레칭
③ 비타민과 무기질이 많이 든 음식을 섭취하거나 종합비타민을 복용
④ 두뇌 기능이 적응될 때까지 중요 업무는 잠시 미룬다. 느긋한 마음이 필요하다.

생체 리듬을 찾는 데 가장 중요한 것은 일찍 일어나고 몸을 풀어 주는 것이고, 더 필요한 것은 영적인 힘입니다.

스탠리 존스라는 미국의 선교사는 일평생 인도에 가서 '예수의 복음'을 전하면서 자신의 삶을 헌신한 선교사입니다. 그 결

과 '하나님의 성자'로 불림을 받았습니다. 젊은 나이에 인도에
서 선교 사역을 하는 데 아무리 노력해도 인도인들이 예수님을
영접하지 않았습니다. 그 결과 너무 지친 나머지 사과나무 밑
에 쓰러져 누워 있는데 나뭇가지 사이로 하나님의 음성이 들
려 왔습니다.

"피곤에 지쳤지?"
"예, 하나님! 저는 지쳐있습니다."
"왜 지쳤느냐?"
"제가 아무리 복음을 외쳐도 저들이 복음을 받아들이지 않습
니다. 열매가 없어요."

이때 하나님께서 조용히 말씀하셨습니다.

"이 사과나무를 보아라. 지금은 열매가 없으나 뿌리가 땅속
에 깊이 뻗쳐 있고 잎이 태양을 향하고 있으므로 언젠가는 좋
은 열매가 열릴 것이다. 반드시 사과를 열리게 할 것이다. 지금
안 된다고 낙심하지 말라."

성도 여러분, 피곤하십니까? 지쳐있으십니까? 다윗을 통해
피곤을 해소하는 법을 배우시기를 바랍니다.

1. 말씀을 듣게 하소서

8절을 보면 "아침에 나로 하여금 주의 인자한 말씀을 듣게 하소서 내가 주를 의뢰함이니이다 내가 다닐 길을 알게 하소서 내가 내 영혼을 주께 드림이니이다"라고 하였습니다.

한국 정신학회 회장을 역임한 정신과 전문의 이무석 박사는 자신의 책 "이무석의 마음"에서 두 가지 피곤을 말했습니다.

① 건강한 피곤입니다(Healthy Tiredness)

건강한 피곤은 일을 열심히 한 다음 느끼는 피곤인데 한숨 자고 나면 거뜬하게 풀립니다.

② 가성 피곤입니다(Pseudo Fatigue)

늘 피곤하고 무기력하고 자신감이 없고 입맛도 없고, 살맛도 나지 않고 잠도 깊이 들 수 없습니다. 정신에너지를 보충해 주지 않으며 아무리 오래 쉬고 좋은 보약을 먹어도 피곤이 풀리지 않습니다.

가성 피곤은 어떻게 해결될까요? 가장 중요한 것은 하나님의 말씀입니다. 현대인 대부분은 지쳐있습니다. 피곤해합니다. 그래서 휴가를 얻어서 해외로 나갑니다. 계곡이나 산이나 섬으로 피서를 갑니다. 그러나 피로를 풀기보다는 스트레스를 더 받고 오는 경우가 다반사입니다.

다윗은 피곤합니다. 환난을 당하고 있습니다. 이때 "주의 인자한 말씀을 듣게 하소서"라고 했습니다. 항상 신앙인은 하나님의 말씀을 들어야 합니다. 하나님의 말씀은 인자하고, 영혼을 소생시키시고, 영혼을 변화시킵니다. 그러므로 우리는 언제나 하나님의 말씀을 듣게 해 달라고 기도해야 합니다. 그리고 침묵해야 합니다.

하나님의 말씀을 듣지 못하는 이유는 내 생각과 말소리가 크기 때문입니다. 내 주장이 너무 강하면 하나님의 말씀을 들을 수 없습니다. 하나님의 말씀을 듣는 일에 관심을 기울이시고 기도하시기 바랍니다.

노트르담 사원에서 하나님을 대면하는 교황이 나폴레옹에게 왕관을 씌워주자, 이것을 빼앗아 나폴레옹은 자신이 머리 위에 썼습니다. 나폴레옹은 자신이 황제가 된 것은 하나님께서 주신 것이 아니라 자기가 잘 나서 되었다는 것입니다. 그는 러시아를 정복하려고 할 때 승리의 확신이 충만했습니다.

그래서 어떤 귀족 부인에게 자신의 계획을 말했습니다. 그러자 부인은 "인간이 계획할지라도 일을 성취하는 분은 하나님이십니다"라고 하였습니다. 그럼에도 나폴레옹은 자신이 계획한 일들은 자신이 성취한다고 장담했습니다. 결국 나폴레옹은 패전하고 돌아와 왕위도, 왕관도 빼앗기고 섬으로 귀양 가서 비참하게 죽고 말았습니다.

 회복은 생명입니다(下)

역사의 중심은 하나님이십니다. 하나님을 떠난 인간이 역사의 중심이 되어 스스로 주관하려 하면 실패할 수밖에 없습니다. 다윗처럼 말씀을 듣고 순종하면 피곤에서 벗어나게 됩니다. 말씀 안에서 머물러 사시길 축원합니다.

2. 내 원수들에게서 건지소서

9절을 보면 "여호와여 나를 내 원수들에게서 건지소서 내가 주께 피하여 숨었나이다"라고 하였습니다.

원수가 있다는 것은 피곤한 일입니다. 앞날을 예측하기 어렵습니다. 다윗은 사울 때문에 고생을 많이 했습니다. 사울이 자신을 죽이려고 했지만 스스로 원칙을 세웠습니다. 하나님이 기름 부으신 왕을 자신의 손으로 죽이지 않겠다고 했습니다.

히브리서 10장 30절을 보면 "원수 갚는 것이 내게 있으니 내가 갚으리라 하시고 또 다시 주께서 그의 백성을 심판하리라 말씀하신 것을 우리가 아노니"라고 하였습니다.

다윗은 스스로 원수를 갚으려고 한 것이 아니라 하나님께 기도했습니다. "내 원수들에게서 건지소서." 다시 말씀드리면 원수 갚는 것을 하나님께 맡긴 것입니다.

신앙생활도 결국엔 사람들이 모여서 하는 것이라 항상 친하고 좋은 관계만 있는 것이 아닙니다. 기쁘고 즐거운 일도 많지만 때로는 화나고 억울한 일도 있습니다. 이럴 때 스스로 해결하려고 하기보다 하나님께 맡기는 것이 지혜로운 방법입니다.

사람의 눈으로 보면 조금 부족하고 모자라 보여도 하나님께는 똑같이 소중한 자녀입니다. 그러므로 서로 비방하거나 판단하지 말고 판단은 하나님께 맡겨야 합니다. 믿음은 하나님께 맡기는 것입니다. 그래서 신앙인은 하나님께 맡기고, 불신앙인은 스스로 해결하려고 합니다.

십여 리 떨어진 친구의 집을 방문하기 위해 어느 부부가 출발했습니다. 착한 부인은 보따리 하나를 들고 갔는데 집을 나서자마자 건너야 할 다리를 매우 낡은 다리인데 어떻게 건널까 걱정하기 시작했습니다. 남편에게 "다리를 어떻게 건너지요? 다리를 못 건널 거예요. 다른 방법으로는 강을 건널 수 없어"라고 말했습니다. 부인은 계속해서 "당신이 썩은 널빤지를 밟고 떨어져서 다리가 부러졌다고 생각해 보세요. 그러면 나와 애들은 어떻게 되지요"라고 걱정을 했습니다.

그러자 남편은 "몰라. 만일 내 다리가 부러진다면 나는 일을 못 하고 우리는 당연히 죽게 될 거야"라고 말했습니다. 이들 부부는 계속 애를 태우며, 불길한 생각을 하며 마침내 다리에 도착했습니다. 도착하고 보니 그 다리는 낡은 다리가 아니라 훌륭하고 견고한 새 돌다리가 놓여 있어서 무사히 다리를 건넌 그들은 부질없는 걱정을 했음을 알게 되었습니다.

여러분, 하나님은 우리를 사랑하십니다. 할 수 있는 일과 해야 할 일에는 최선을 다하고 결과를 하나님께 맡기십시오. 생각지도 못할 일은 하나님께서 하십니다. 여러분, 현재나 미래를 너무 걱정하지 말고 하나님께 맡기시기 바랍니다. 내가 하려고 하면 피곤하지만, 하나님께 맡기면 피곤에서 벗어날 수 있습니다.

3. 주의 뜻은 행하게 하소서

10절을 보면 "주는 나의 하나님이시니 나를 가르쳐 주의 뜻을 행하게 하소서 주의 영은 선하시니 나를 공평한 땅에 인도하소서"라고 하였습니다.

사람들은 자기 뜻대로, 생각대로, 계획대로 하려고 합니다. 그러나 다윗은 "주의 뜻대로 행하게 하소서"라고 기도했습니다. 신앙인이면 내 주장이 아니고 하나님의 뜻을 생각해야 합니다. 내 뜻과 주장은 포기하고 하나님의 뜻대로 해야 합니다. 그러면 성공입니다. 되는 길이고, 바로 되는 것입니다. 내 생각, 내 주장대로 되면 되는 것 같아도 실패하는 길이고 망하는 길입니다.

하나님의 뜻대로 하려면 성령으로 인한 총명과 지혜와 통찰력이 있어야 합니다. 그러므로 하나님의 뜻을 아는 것이 중요합니다. 하나님의 뜻을 알려면 자신을 거룩한 산 제사로 드려야 합니다. 하나님께 드려져야 하나님의 도구로 쓰임 받습니다.

마음을 새롭게 해야 하나님의 뜻을 알 수 있습니다. 마음을 새롭게 한다는 것은 성경적인 사고방식을 철저하게 갖게 되는 것입니다. 그래야 하나님의 뜻을 발견할 수 있습니다. 하나님의 뜻은 행하면 하나님께서 우리의 삶을 책임져 주십니다. 기도를 통해서 하나님의 뜻을 바꾸려고 하지 말고 하나님의 뜻이 무엇인지 알기 위해 지혜와 총명을 구해야 합니다. 그래서 주님의 뜻을 알았다면 그 뜻을 이루기 위해 내 모든 것을 바쳐야 합니다.

롱 펠로우(Long Fellow)라는 시인은 19세기 최고의 시인입니다. 1835년 하버드대학교 교수가 되기 전에 부인을 잃었습니다. 그 후 스위스에서 재혼했는데 둘째 부인도 사고를 당해 죽었습니다. 인생의 쓰라린 경험이 많았던 Long Fellow에게 임종이 가까웠을 때 기자가 "선생님은 두 사람의 부인과 사별한 아픔뿐아니라, 많은 아픔을 겪으며 살아 오셨는데 그런 환경에서 어떻게 아름다운 시들을 쓸 수 있었습니까?"라고 질문했습니다.

그때 Long Fellow는 마당에 있는 사과나무를 가리키며 "저 사과나무가 내 스승입니다. 저 사과나무는 몹시 늙었습니다. 그러나 해마다 꽃이 피고 열매를 맺습니다. 옛 가지에서 새 가지가 나오기도 합니다. 나도 생명 되신 예수 그리스도께 날마다 새생명을 공급받으며 인생의 새로운 꽃도 피우고 열매를 맺으며 살아왔습니다"라고 대답했습니다.

여러분, 하나님의 생명은 Long Fellow뿐 아니라 저와 여러분에게도 공급되고 있습니다. 그 생명을 가슴에 안고 하나님의 뜻을 향하며 살아가면 영혼의 피곤함은 물러가고 새 힘이 솟습니다. 하나님의 말씀과 하나님께 맡김과 하나님의 뜻대로 살면 피곤은 물러가고 새 힘이 솟아납니다.

31

겸손

"많은 재물보다 명예를 택할 것이요 은이나 금보다 은
총을 더욱 택할 것이니라 가난한 자와 부한 자가 함께 살거니와
그 모두를 지으신 이는 여호와시니라 슬기로운 자는 재앙을 보
면 숨어 피하여도 어리석은 자는 나가다가 해를 받느니라 겸손
과 여호와를 경외함의 보상은 재물과 영광과 생명이니라 패역
한 자의 길에는 가시와 올무가 있거니와 영혼을 지키는 자는 이
를 멀리 하느니라"(잠 22:1~5).

하나님은 사람을 통해서 일하십니다. 18세기 교회의 놀라운
부흥을 위해서 하나님께서 쓰신 걸출한 인물 가운데 요한 웨슬
레와 조지 휫필드라는 사람이 있습니다. 요한 웨슬레는 인간의
책임을 강조하는 알미니안주의 사상가였고, 조지 휫필드는 하
나님의 주권을 강조하는 칼빈주의자였습니다. 이 두 분은 사상
과 신앙노선에서 대립과 경쟁 관계였습니다.

회복은 생명입니다(下)

감리교의 창시자인 웨슬리와 횟필드는 목회의 방법이나 구령열은 동일했지만, 신학적인 이해는 달랐습니다. 그래서 논쟁이 심했는데 이것을 알고 있던 사람이 횟필드에게 이렇게 질문했습니다. "웨슬리 목사님과 신학과 진리에 대한 이해가 다른데 목사님께서 천국가시면 웨슬리 목사님을 만날 수 있을까요?" 횟필드 목사님은 "어쩌면 우리는 천국에서 웨슬리 목사님을 만나지 못할 것입니다. 그 이유는 웨슬리 목사님은 하나님 보좌에 가장 가까운 곳에 앉아 있을 것이고 우리는 멀리 떨어져 앉게 될 것이기 때문입니다"라고 대답했습니다.

비록 신학이 달라서 논쟁은 많이 했지만, 웨슬리 목사님의 능력과 영향력은 인정했습니다. 횟필드 목사님처럼 우리는 상대방을 인정하는 겸손한 자세를 가져야 합니다.

어느 날 어거스틴의 제자가 이렇게 질문했습니다. "기독교의 가장 중요한 덕목은 무엇입니까?" 어거스틴은 조금도 망설임 없이 "첫째는 겸손입니다" 라고 대답했습니다. 제자는 다시 질문을 했습니다.

"그럼 두 번째는 무엇입니까?"
"두 번째도 겸손입니다."
"그럼 세 번째는 무엇입니까?"
"세 번째도 겸손입니다."

"겸손하면 다 됩니까?"라고 하자 어거스틴은 그렇다고 대답했습니다. "겸손하면 그것으로 족합니다. 겸손은 가장 최고이면서 가장 기본적인 것입니다. 겸손 위에 쌓은 것은 안전하고 교만 위에 쌓은 것은 아주 위태롭습니다"라고 했습니다.

예수님도 친히 마음이 온유하고 겸손하다고 하시면서 예수의 멍에를 메고 배우라고 하셨습니다. 예수님은 하나님의 본체셨지만, 자기를 비어 종의 형체를 가지고 죽기까지 복종하셨습니다. 예수님의 겸손의 가장 구체적인 표현은 십자가의 죽음입니다.

고대 그리스, 로마 시대의 겸손은 노예의 특성이며, 나약하고 비굴하고 수동적인 사람들을 가리키는 단어입니다. 고대 그리스, 로마 사회는 명예와 평판을 강조했습니다. 겸손의 시작은 섬김입니다. 그래서 영광을 취하지 않고, 다른 사람을 섬기는 것이 겸손입니다.

사회생활에서 실패하는 원인의 80%가 지식이나 능력이 모자라서가 아니고 대인 관계 문제 때문이라고 합니다. 대인관계에 가장 나쁜 영향을 주는 것은 교만입니다. 사람이 겸손하면 실례할 수 있어도 상대방을 불쾌하게 하거나 감정을 상하게 하지는 않습니다.

일반적으로 많이 배우고, 돈이 많고, 똑똑한 사람이 교만하기 쉽습니다. 하나님은 교만한 사람을 물리시고 겸손한 사람에게 은혜를 베푸십니다.

교만하면 하나님께서 미워하십니다(잠 3:13). 기도해도 응답이 없습니다(욥 35:12). 패망합니다(잠 16:18). 넘어져도 일으켜 주는 사람이 없습니다(렘 50:32). 하나님께서 엄중히 갚으십니다(시 31:23). 낮아집니다(사 2:17). 하나님께서 누르십니다(사 25:11).

그러므로 무슨 일이 있어도 교만하지 말고 겸손하시기를 바랍니다. 겸손은 높아지는 비결입니다. 수치를 당하지 않습니다. 지속적인 성공의 비결입니다. 은혜와 복 받는 비결입니다. 평안과 기쁨을 소유하게 됩니다.

맹사성은 19세 어린 나이에 장원 급제하여 20살에 경기도 파주 군수가 되어 자만심으로 가득 찼습니다. 하루는 무명 선사를 찾아가 "스님이 생각하기에 고을을 다스리는 사람으로서 최고로 삼아야 할 좌우명은 무엇이라고 생각하오?"라고 질문하자, 무명 선사는 "그건 어렵지 않소. 나쁜 일을 하지 말고, 착한 일을 많이 베푸시면 됩니다"라고 대답했습니다.

"그런 것은 삼척동자도 다 아는 이치인데 먼 길을 온 내게 해 줄 말이 고작 그것뿐이요?" 맹사성은 거만하게 말하며 일어나려고 했습니다. 그러자 무명 선사가 녹차나 한잔하고 가라며 붙잡았습니다. 맹사성은 못 이기는 척 자리에 앉았습니다. 그런데 스님은 찻잔에 차를 넘치도록 따르는 것입니다.

"스님, 찻물이 넘쳐 방바닥을 망칩니다." 맹사성이 소리를 쳤습니다. 그러나 스님은 태연하게 계속 찻잔이 넘치고 있는데도 차를 따르고 있습니다. 잔뜩 화가 나 있는 맹사성을 물끄러미 쳐다 보며 말했습니다.

"찻물이 넘쳐 방바닥을 적시는 것을 알면서 지식이 넘쳐 인품을 망치는 것은 어찌 모르십니까?"

스님의 이 한마디에 맹사성은 부끄러움으로 얼굴이 붉어졌고 황급히 일어나 방문을 열고 나가려고 했습니다. 그러다가 문에 세게 부딪히고 말았습니다. 그러자 스님은 빙그레 웃으며 말했습니다.

"고개를 숙이면 부딪히는 법이 없습니다."

겸손은 기독교 모든 덕의 뿌리입니다. 하나님은 겸손한 자에게 은혜를 베푸십니다.

1. 재물입니다

4절을 보면 "겸손과 여호와를 경외함의 보상은 재물과 영광과 생명이니라"고 하였습니다. 겸손하면 재물을 얻습니다.

 회복은 생명입니다(下)

여러분, 재물은 축복의 수단일까요? 아니면 저주의 수단일까요? 바울 시대에 영지주의자들이 있었습니다. 영지주의자들은 영적인 것은 선하고, 물질적인 것은 악하다고 주장합니다.

그러나 물질이 선하거나 악한 것은 아닙니다. 사람들이 선용하면 선한 것이 되고 악용하면 악한 것이 됩니다. 그래서 성 어거스틴(St. Augustine)은 "재물은 그 자체로는 축복도 저주도 아니다. 그것은 마치 한 자루의 칼과 같은 것이다"라고 했습니다. 칼을 선용하면 죽을 사람을 살리는 수술용 칼이 되고 악용하면 남을 죽이는 살인용 도구가 되는 것입니다. 기독교인은 어떤 물질관을 가져야 할까요?

① 물질 무용론을 주장하면 안 됩니다.

마태복음 6장을 보면 물질을 하늘에 쌓아 두라고 합니다. 물질을 하늘에 쌓는 방법은

1) 가난한 자들에게 구제하는 것입니다. 가난한 자들에게 구제하면 하나님 나라에서 상이 클 것이라고 말씀하십니다.
2) 선한 사업을 하라는 것입니다.

이 세상에서 하나님의 선한 사업에 부요하면 장래를 위해서 터를 마련하는 것입니다. 하나님의 선한 사업과 복음의 역사

와 선교를 위해 물질을 사용하면 하늘나라에 보물을 쌓는 것입니다.

몇 년 전 미국의 어떤 대학에 1,200억 원을 기증한 사람이 있었습니다. 그 사람은 학창 시절 등록금을 못 내서 어려움을 겪었습니다. 이런 사람이 평생 번 돈을 자기처럼 학자금이 없어 어려움을 당하는 학생들에게 써 달라고 내놓은 것입니다.

신앙인은 가난한 사람들에게 관심을 가져야 합니다. 다음 세대에도 관심을 기울여야 합니다. 전도와 선교에도 관심을 가지고 기도하고 헌금해야 합니다. 바른 물질관이 올바른 생애의 판단을 할 수 있게 합니다.

죠지 스위팅(George Sweeting)은 무디 성서신학원 원장을 지냈는데 그는 "내 인생의 마지막 날 내 생이 끝나는 최후의 여정에서 '내가 얼마나 벌었는가?' 이것은 하나도 중요한 질문이 될 수 없다. 그때 중요한 질문이 있다면 '나는 얼마나 주었는가?' 혹은 '나는 얼마나 드렸는가?' 즉, 가치 있는 사역과 놀라운 목적이 있는 그것들을 위해서 나는 얼마나 드릴 수 있었는가이다"라고 했습니다.

겸손하게 살면 하나님께서 물질의 복을 주십니다. 물질을 선용하며 사는 성도가 되시기를 축원합니다.

2. 영광입니다

겸손하면 재물과 영광을 누리게 합니다. 영광이란 영예, 명예, 명성, 존경, 상이라는 의미입니다. 겸손하게 살면 영예를 얻게 되고, 존경을 받게 되고, 사람들의 가슴에 살아 칭찬을 받게 됩니다.

주기철 목사님과 사제 간이면서 주 목사님 교회의 장로로 시무하시던 조만식 장로님이란 분이 계셨습니다. 어느 주일, 조 장로님이 예배 시간이 지나도록 손님과 이야기를 하다가 교회에 늦었습니다. 주기철 목사님이 설교를 하다가 조만식 장로님이 들어오시는 것을 보고 "조 장로님, 오늘은 의자에 앉지 마시고 서서 예배드리시오"라고 호령했습니다.

보통 사람 같았으면 그냥 나가든가 아니면 의자에 앉아서 목사에게 욕을 하며 험한 얼굴을 하고 있었을 것입니다. 그러나 조만식 장로님은 그대로 서서 예배를 드렸다고 합니다. 설교를 마치고 주기철 목사님이 서 계시는 조만식 장로님께 "기도하십시오"라고 하니까 조만식 장로님이 이렇게 기도하셨답니다.

"하나님, 나의 죄를 용서해 주옵소서. 거룩한 주일 하나님 만나는 것보다 사람 만나는 것을 더 중요시 한 죄를 용서하옵소서."

목사님이 하라는 대로 서서 예배드리는 조 장로님을 보고 교인들은 큰 감동을 받고 울음바다가 되었다고 합니다.

기도와 순종으로 극복할 때 역사의 위대한 인물을 만날 수 있었습니다. 신앙인이면 무슨 일을 하든지 하나님께 영광을 돌려야 합니다. 예수님께서는 영광을 나타내셨습니다. 요한복음 11장 40절을 보면 "네가 믿으면 하나님의 영광을 보리라"고 하셨습니다.

겸손이란 자신을 낮추고 남을 높이는 것입니다. 자신을 낮추는 사람은 하나님이 높여 주시여 영광을 드러내십니다. 예수님은 하나님이십니다. 그러나 자기를 비워 종의 형체를 가지고 사람이 되셨습니다. 그리고 자기를 낮추시고 죽기까지 복종하셨습니다. 그러자 하나님은 예수님을 높여 모든 이름 위에 뛰어나게 하셨고, 모든 무릎을 예수님의 이름 앞에 꿇게 하셨습니다.

하나님은 겸손히 하나님을 경외하는 자들에게 재물의 복을 주십니다. 하나님을 경외하여 재물의 복을 받은 자는 그것을 자기만을 위해 쌓아 두지 않고 가난한 자들에게 나누어 주므로 하나님께서 그를 영화롭게 하십니다. 성도 여러분, 겸손하셔서 재물과 영광을 보상으로 받아 누리며 사는 성도가 되시길 축원합니다.

3. 생명입니다

　겸손하면 재물과 영광과 생명을 얻습니다. 아담의 후손은 다 죄인입니다. 그래서 성경은 "모든 사람이 죄를 범하였으매"라고 했습니다. 모든 인간은 죄인으로 태어났고 죄의 삯은 사망입니다. 그러나 하나님께서는 세상을 이처럼 사랑하셨습니다.

　그래서 독생자 예수님을 세상에 보내시고 예수로 하여금 모든 사람을 대신하여 십자가의 죽으심으로 죄값을 지불하게 하셨습니다. 그러므로 누구든지 예수를 믿으면 구원받습니다. 예수를 믿으면 죄사함 받습니다. 죄사함 받으면 생명을 주십니다. 영생을 얻게 됩니다.

　여러분 영생이 무엇입니까? 사람들에게 영생이 무엇이냐고 물으면 이렇게 대답합니다.

　① 영원히 죽지 않고 사는 것이라고 합니다.

　　사이비 종교 가운데 '영생교'라는 것이 있습니다. 영생교는 사람이 죽지 않고 영생할 수 있는 길이 있다고 가르칩니다. 그러나 영생교 교주인 조희성은 서울구치소에서 수감생활을 하다가 심장마비로 죽었습니다. 영생에 관한 그의 주장은 거짓임이 드러난 것입니다.

　② 사람이 죽어도 그 정신이나 영혼이 이 땅에 남아서 계속 영향을 미치고 지배하는 것이랍니다.

③ 죽은 뒤에 천국에서 죽지 않고 영원히 사는 것이랍니다.

그렇다면 성경이 말하는 영생은 무엇입니까? 생명이란 무엇입니까? 요한복음 17장 3절에서 이렇게 말씀합니다.

"영생은 곧 유일하신 참 하나님과 그가 보내신 자 예수 그리스도를 아는 것이니이다."

그렇다면 생명 있는 삶이란 어떤 것입니까?

① 하나님과 화해입니다.
　죄가 하나님과의 원수 되게 했습니다. 그러나 생명 있는 사람은 하나님과 화해했습니다. 그래서 로마서 5장 1절을 보면 "그러므로 우리가 믿음으로 의롭다 하심을 받았으니 우리 주 예수 그리스도로 말미암아 하나님과 화평을 누리자"고 했습니다. 하나님과 화평의 관계를 누려야 생명 있는 사람입니다.
② 사랑이 실천입니다

요한일서 3장 15절을 보면 "그 형제를 미워하는 자마다 살인하는 자니 살인하는 자마다 영생이 그 속에 거하지 아니하는 것을 너희가 아는 바라"고 하였습니다. 형제를 미워하는 것을 형제를 죽이는 것과 동일하게 말합니다.

겸손한 사람은 생명이 있습니다. 생명이 있다는 것은 예수 그리스도가 있는 자입니다. 영생을 소유한 사람입니다. 생명의 성령의 법으로 해방받은 자입니다. 예수님께서 세상에 오신 것은 생명을 주시려고 오셨습니다.

교만하지 말고 겸손하셔서 재물과 영광과 생명을 보상으로 받아 누리며 사는 성도들이 되시길 축원합니다.

자존심

"바울이 이같이 변명하매 베스도가 크게 소리 내어 이르되 바울아 네가 미쳤도다 네 많은 학문이 너를 미치게 한다 하니 바울이 이르되 베스도 각하여 내가 미친 것이 아니요 참되고 온전한 말을 하나이다 왕께서는 이 일을 아시기로 내가 왕께 담대히 말하노니 이 일에 하나라도 아시지 못함이 없는 줄 믿나이다 이 일은 한쪽 구석에서 행한 것이 아니니이다 아그립바 왕이여 선지자를 믿으시나이까 믿으시는 줄 아나이다 아그립바가 바울에게 이르되 네가 적은 말로 나를 권하여 그리스도인이 되게 하려 하는도다 바울이 이르되 말이 적으나 많으나 당신뿐만 아니라 오늘 내 말을 듣는 모든 사람도 다 이렇게 결박된 것 외에는 나와 같이 되기를 하나님께 원하나이다 하니라"(행 26:24~29).

명견과 잡종견은 먹이를 먹거나 짖는 것은 똑같습니다. 왜냐하면 먹는 것과 짖는 것은 본능이기 때문입니다. 그러나 명견과 잡종견은 차이가 있습니다. 명견은 주인이 "먹지 마, 멈춰"라고 하면 고기나 간식을 먹지 않습니다. 잡종견은 배가 고프면 그냥 먹습니다. 주인이 "멈춰"라고 해도 절제를 못 하고 먹고 맙니다.

명견과 잡종견을 며칠 굶긴 다음 고기에 수면제를 넣어 던져 주면 잡종견은 덥석 문다고 합니다. 그러나 명견은 고기 속에 무엇이 들어 있는지 몇 시간이 됐던지 꼼꼼히 살펴 보고 그 후에 먹는다고 합니다.

신앙인이면 자존심을 가지고 살아야 합니다. 배가 고파도 먹지 말아야 할 것이 있고, 가진 것이 없어도 받지 말아야 할 것이 있습니다. 어렵고 힘들어도 해야 할 것이 있고 해서는 안 될 것이 있습니다.

나이 50이 넘도록 온갖 죄를 지으며 살아온 사람이 있었습니다. 그러니 누구도 이 사람을 가까이하지 않았습니다. 심지어는 아내와 자식들에게도 멸시를 받았고, 직장에서도 승진도 못 하고 말단을 벗어나지 못했습니다.

이 사람은 거울을 볼 때마다 자기를 보면서 "이 못난 녀석아, 이 죄인아, 이 더러운 녀석아, 너는 행복한 인생을 살아갈 자격이 없어"라고 자학할 정도로 열등의식과 좌절감에 싸여 자존심을 상실한 채 살아갔습니다.

이 사람이 우연한 기회에 교회에 가게 되었습니다. 목사님의 설교를 듣는데 예수님과 함께 십자가에 달렸던 한 편 강도는 마지막 순간 죄를 회개하고 구원받았다는 말씀을 들었습니다. 어떤 죄를 범했더라도 회개하면 용서해 주시고 예수님을 믿기만 하면 하나님의 자녀가 되고 한 사람의 생명이 천하보다 귀하고 하나님은 우리를 보배롭고 존귀하게 여기신다는 말씀을 들으면서 자존심이 살아나기 시작했습니다.

자존심이 강한 사람은 자신에 대해서 긍정적으로 생각하는 경향이 있고, 자존심이 약한 사람은 자신에 대해 부정적으로 보는 경향이 있습니다.

바울 사도가 2차 전도 여행을 마치고 예루살렘에 돌아왔을 때 바울을 반대하는 유대인들은 바울을 죽이려고 했습니다. 로마 군대가 바울을 조사하게 되었고, 결국 재판을 받게 되었는데 새로 부임한 베스도에게 인사하기 위해 주변 다른 나라 아그립바 왕과 그의 누이 버니게가 찾아왔을 때 바울에 대한 공판을 받게 되었는데 이들 앞에서 담대하게 복음을 전했습니다. 복음의 내용은 이렇습니다.

"아그립바 왕이여, 선지자를 믿으시나이까 믿으시는 줄 아나이다."

그러자 아그립바가 바울에게 "네가 적은 말로 나를 권하여 그리스도인이 되게 하려 하는도다"라고 하였습니다. 바울은 "말이 적으나 많으나 당신뿐만 아니라 오늘 내 말을 듣는 모든 사람도 다 이렇게 결박된 것 외에는 나와 같이 되기를 하나님께 원하나이다"(행 26:27~29)라고 하였습니다.

당시 아그립바 왕과 버니게는 20대 중반을 넘기지 않고 새파란 젊은이고 바울은 이미 50대를 바라보는 장년입니다. 이들에 비하면 바울은 초라해 보입니다. 그럼에도 조금도 기가 꺾이지 않고 떳떳하고 의연하게 복음을 전하는 바울의 자존심을 발견하게 됩니다.

신앙인이면 신앙인 다운 자존심을 가지고 살아야 합니다. 그렇다면 이렇게 바울을 당당하게 만들었던 자존심은 어디서 나온 것인가를 말씀드릴 때 은혜받는 성도가 되시길 축원합니다.

1. 예수를 아는 지식이 가장 고상하기 때문입니다

빌립보서 3장 8절을 보면 "또한 모든 것을 해로 여김은 내 주 그리스도 예수를 아는 지식이 가장 고상하기 때문이라 내가 그를 위하여 모든 것을 잃어버리고 배설물로 여김은 그리스도를 얻고"라고 하였습니다.

예수님을 모르는 사람들은 세상 것에 가치를 두고 삽니다. 영혼보다 육체를 귀하게 생각합니다. 내세보다 현세를 귀하게 생각합니다. 존재보다 소유를 더 귀하게 생각합니다. 최고의 가치를 육체와 현세와 소유에 두고 삽니다.

그러나 바울은 예수님을 만나고 난 후 예수님이 최고인 것을 알았습니다. 그동안 좋아하던 것은 다 배설물처럼 버렸습니다. 바울처럼 신앙생활을 바르게 하려면 가치관이 변해야 합니다.

예수님에게 최고의 가치를 부여하고 살면 자신의 영혼이 잘 될 수밖에 없습니다. 예수님이 계신 천국을 소망하지 않을 수 없습니다. 예수님을 닮기 위해 자신의 내면을 돌아보게 됩니다.

레오나르드 다빈치가 43세 때 밀라노의 어떤 백작에게 예수님의 마지막 만찬 장면을 그려 달라는 부탁을 받았습니다. 그래서 3년 동안 심혈을 기울여 작품을 완성했습니다. 이것이 유명한 '최후의 만찬'입니다. 다빈치가 이 그림을 처음 그렸을 때는 예수님이 오른손으로 잔을 들고 계셨습니다. 다빈치가 최후의 만찬을 완성한 직후에 친구들을 초대하여 그림을 보여 주었습니다.

친구들이 그림을 자세히 살펴 보고는 "그리스도의 손에 있는 잔이 정말 아름답구나!"라며 감탄했습니다. 그러자 레오나르도 다빈치는 재빨리 붓을 집어 들고 그 잔을 지워버렸습니다. 그리고 이렇게 말했습니다.

"나는 이 그림에서 그리스도로부터 눈을 떼게 하는 더 귀한

                                          회복은 생명입니다(下)

것이 있는 것을 원치 않습니다.”

성도 여러분! 예수 믿고 가치관이 변했습니까? 신앙인이면 예수보다 더 귀한 것은 없어야 합니다. 예수님이 가장 소중함을 깨닫고 예수님을 자랑하고 예수님을 위해 목숨 걸고 살아야 합니다. 예수님보다 더 귀한 것이 보인다면 아직도 신앙인의 자존심을 갖지 못한 사람입니다. 예수님보다 더 귀한 것이 보이지 않는 예수님께 최고의 가치를 부여하고 사는 성도가 되시길 축원합니다.

2. 오직 성령 안에 있는 의와 평강과 희락이라

로마서 14장 17절을 보면 “ 하나님의 나라는 먹는 것과 마시는 것이 아니요 오직 성령 안에 있는 의와 평강과 희락이라”고 하였습니다.

예수 믿는 우리가 사는 집을 생각하면 왕국과 비교가 안 됩니다. 먹고 마시는 것을 생각해도 왕과 견줄만한 것이 못 됩니다. 그러나 하나님께서는 바울뿐 아니라 우리에게도 왕이 가지지 못한 것을 주셨습니다. 의와 평강과 희락입니다.

아그립바 왕은 17세에 왕이 되었습니다. 그러나 왕위를 유지하기 위해 평생을 눈에 불을 켜고 안절부절못했던 사람입니다.

자신의 권좌를 넘보는 사람이 있으면 중상모략을 해서 그를 제거해야 겨우 마음을 놓을 수 있었던 사람입니다. 이런 사람이 왕이든 부자이든 무슨 의와 평강과 희락이 있었겠습니까?

아그립바 왕의 누이동생 버니게도 마찬가지입니다. 왕의 누이동생이었지만, 몇 차례 결혼했지만 실패하고 오빠에게 얹혀 사는 신세였습니다. 이런 버니게의 마음에 의가 있겠습니까? 평강이 있겠습니까? 기쁨이 있겠습니까? 왕비의 옷을 입고 진수성찬을 먹는다고 해도 마음에는 평강과 기쁨이 있을 수 없습니다. 당시 오빠인 아그립바 왕과의 사이가 수상하다는 소문이 파다했습니다. 더 나아가 로마 황제가 여행 왔을 때는 그를 유혹하여 황제의 정부로 들어가기까지 했다고 합니다.

바울 당시 로마교회 안에는 우상에게 드렸던 제물을 먹는 일에 대해 옳다 그르다고 파를 지어 싸우고 있는 것은 옳지 않다고 말했습니다. 그러면서 하나님의 나라는 먹을 것이나 마시는 것이 아니고 성령 안에서 의와 평강과 희락이 있는 곳이라고 했습니다.

하나님의 나라는 의가 통치하는 곳입니다. 그래서 의롭고 선한 사람들이 살기 좋은 곳이 하나님의 나라입니다.

교만한 사람들의 교만은 꺾이고, 불의한 자들의 도모가 승리하지 못하고 힘으로 이기는 사람들의 횡포가 일할 수 없는 곳이 하나님의 나라입니다. 하나님의 의가 다스리는 장소가 하나님의 나라라는 것입니다. 평강이 있는 곳입니다.

예수 믿는 우리가 나가서 머무는 곳은 가정이든, 교회든, 사회든 어디나 평화가 이루어져야 합니다. 예수님께서 내 마음에 찾아오시면 평화가 이루어집니다. 마음에 평화를 이루지 못하면 우리가 가는 곳에도 평화를 이룰 수 없습니다. 내 마음에 먼저 평화가 이루어지고 내가 가는 곳에 평화를 이루는 성도가 되어야 합니다.

신앙인은 가는 곳마다 평화를 이루는 사람입니다. 이간하는 사람, 무력을 가진 사람, 독선과 아집을 가진 사람은 평화를 깨뜨리는 사람입니다. 평화는 힘이나 무기로 이루지 못합니다. 사랑을 가지고, 따뜻함을 가지고, 온유함과 부드러움을 가지고 이루는 것입니다.

여러분이 머무는 곳에 평화가 이루어지기를 축원합니다. 희락은 구원받은 성도가 갖는 거룩한 기쁨입니다. 하나님의 은혜를 받은 자만이 누릴 수 있는 감격의 외향적 표현이 바로 거룩한 기쁨입니다. 이 기쁨은 성령께서 주시는 기쁨이기 때문에 세상이 주는 것과는 다른 것입니다.

세상이 주는 기쁨은 상대적인 기쁨이기 때문에 그 요인이 사라지면 기쁨도 사라집니다. 그러나 성령이 주시는 기쁨은 사라지는 기쁨이 아닙니다. 그래서 구원받은 성도는 환난 중에도 기뻐합니다. 핍박 중에도 기뻐합니다.

스데반은 박해자들 앞에서도 천사의 얼굴을 할 수 있었고(행 6:15) 바울과 실라는 매를 맞고 옥중에 갇혀 있으면서도 찬송을 잃지 않았습니다. 의와 평강과 희락이 여러분과 함께 하시길 축원합니다.

3. 영원히 죽지 아니하리니

요한복음 11장 25~26절을 보면 "예수께서 이르시되 나는 부활이요 생명이니 나를 믿는 자는 죽어도 살겠고 무릇 살아서 나를 믿는 자는 영원히 죽지 아니하리니 이것을 네가 믿느냐"라고 하였습니다.

바울은 영생을 소유했기 때문에 베스도 총독과 아그립바 왕 앞에서도 당당할 수 있었습니다. 예수님은 영생에 대해서 이렇게 말씀하셨습니다.

"사람이 온 천하를 얻고도 제 목숨을 잃으면 무엇이 유익하리요. 사람이 무엇을 주고 제 목숨을 바꾸겠느냐?"

왕이 되어 온갖 권력을 누리고 살거나 부자로 궁궐 같은 집에서 진수성찬을 먹으면서 호의호식했다고 해도 영생하지 못한다면 무슨 소용이 있겠습니까? 세상 모든 것을 잃는다고 해도

 회복은 생명입니다(下)

영생을 소유한다면 이 땅에서 비록 거지 나사로처럼 살았다고 해도 후회할 것이 없습니다.

세상 모든 것을 포기할지라도 영생은 놓치지 말아야 합니다. 영생을 소유하지 못했다면 아그립바 왕처럼 화려한 인생을 살았다고 해도 영원히 후회하는 패배자가 됩니다. 영생을 얻었느냐 얻지 못했느냐에 따라 인생을 잘 살았느냐 잘못 살았느냐는 인생의 질이 결정됩니다.

중국 최초의 황제인 시황제는 자신이 늙어 가는 나이에 허무함을 느껴 이 세상에서 불로장생하는 비결은 없는 것인가를 고민하다가 신하들을 세계 곳곳에 보내어 불로초를 구하게 하였다는 전설이 있습니다. 그럼에도 50세의 나이에 객사하고 말았습니다.

그러나 하나님께서 인간에게 주신 생명은 본성적으로 영원합니다. 인간의 영혼은 죽지 않습니다. 소멸되지 않습니다. 인간은 본래적으로 영생하는 존재입니다. 영생은 하나님과 연결되어 있고, 하나님과 교류하는 삶을 의미합니다. 하나님과 연결되어 살면 영생이고, 하나님과 끊어져 살면 제아무리 죽지 않고 살아도 사망입니다. 영생을 원한다면 예수님을 믿어야 합니다.

"아들이 있는 자에게는 생명이 있고 하나님의 아들이 없는 자에게는 생명이 없느니라"(요일 5:12).

예수 믿는 우리에게는 예수님을 아는 가장 고상한 지식이 있고, 의와 평강과 희락이 있고 영생이 있기에 누구에게나 당당할 수 있습니다. 바울 같은 자존심을 가지고 사는 성도가 되시길 축원합니다.

# 33

감격

"여호와 우리 주여 주의 이름이 온 땅에 어찌 그리 아름다운지요 주의 영광이 하늘을 덮었나이다 주의 대적으로 말미암아 어린 아이들과 젖먹이들의 입으로 권능을 세우심이여 이는 원수들과 보복자들을 잠잠하게 하려 하심이니이다 주의 손가락으로 만드신 주의 하늘과 주께서 베풀어 두신 달과 별들을 내가 보오니 사람이 무엇이기에 주께서 그를 생각하시며 인자가 무엇이기에 주께서 그를 돌보시나이까 그를 하나님보다 조금 못하게 하시고 영화와 존귀로 관을 씌우셨나이다"(시 8.1~5).

현대인들이 잃어버린 것은 감사와 감동과 감격입니다. 그러나 참된 신앙인들은 자랑할 만한 특징이 있는데 감사하고 감격하는 삶을 산다는 것입니다.

미국의 유명한 3대 대학은 하버드와 예일과 프린스턴입니다. 3대 대학 가운데 예일대학에 바틀렛이라는 유명한 교육학 박사가 있습니다. 바틀렛 교수를 보는 사람마다 '이런 세계적인 대학에 저런 교수가 있을까?'라고 생각합니다. 왜냐하면 바틀렛 교수는 흑인이고, 언청이이며 귀밑에는 혹까지 나 있었기 때문입니다.

그는 부모조차도 외면할 정도로 아주 흉한 모습을 가지고 태어났습니다. 그래서 항상 친구들에게 놀림을 받았습니다. 주변 사람들에게도 멸시와 천대를 당했습니다. 그래도 미국은 의무교육이니까 고등학교까지는 나왔습니다. 고등학교를 졸업하고 백인 가정에서 막노동하는 일로 취직을 했습니다. 얼마나 성실하게 일했는지 한밤중에 남이 안 볼 때도 쓸고 닦고 열심히 청소했습니다.

백인 주인은 예수 믿는 사람이라 흑인인 이 청년을 전도했습니다. 이 청년은 교회에 나가 평생 처음 감동을 받았습니다. 멸시와 천대를 당하고 절망 속에서 살았지만, 예수 믿고 희망을 가지게 되었습니다. 하나님 아버지가 자기를 인정하고 사랑하신다는 확신과 믿음을 가지게 되었습니다. 무엇보다 마태복음 28장 20절을 읽고 큰 감동을 받았습니다.

"볼지어다 내가 세상 끝날까지 너희와 항상 함께 있으리라."

부모, 형제, 친구 모든 사람이 다 떠나도 하나님께서는 세상

끝 날까지 함께 하신다는 말씀을 읽고 그는 결심했습니다. "하나님, 이제 나는 하나님을 떠나지 않겠습니다. 하나님이 나와 함께 하시니 나도 하나님께 함께 하겠습니다. 하나님이 함께하시면 내가 무엇을 못하겠습니까!"

그때부터 열심히 책을 읽고 공부해서 대학교에 갔습니다. 대학교에 가서도 하나님이 함께하신다는 그 말씀을 힘입고 열심히 공부하여 교육학 박사학위를 받았습니다. 그러자 주변 사람들이 깜짝 놀랐습니다. 다른 사람 같았으면 술이나 마시고 절망하고 자포자기했을 것입니다. 그가 박사학위를 받고 졸업하던 날 모두 찾아와 축하했습니다. 그리고 "얼마나 감격스럽습니까?"라고 묻자, 바틀렛 박사는 이렇게 말했습니다.

"나에게는 박사학위가 감격스러운 것이 아니라, 주님이 나와 함께 하신다는 그 사실이 더 감격스럽습니다."

사람은 감격하는 존재입니다. 특히 신앙인들은 하나님의 사랑과 은혜를 생각하며 감사하고 감격하는 존재입니다. 그러나 영적으로 침체되면 감사와 감격은 사라집니다. 이런 사람에게는 예배는 짐이 됩니다. 봉사도 짐이 됩니다.

문제는 누구나 영적인 침체에 빠질 가능성이 있다는 것입니다. 구약을 대표하는 능력의 선지자 엘리야도 영적인 침체에 빠진 적이 있습니다. 성도 여러분, 은혜받은 감사와 감격이 살아 있으십니까?

1. 온 땅이 어찌 그리 아름다운지요

1절 말씀을 보면 "여호와 우리 주여 주의 이름이 온 땅에 어찌 그리 아름다운지요 주의 영광이 하늘을 덮었나이다"라고 하였습니다.

다윗의 눈은 맑고 정결했습니다. 세상에 가득한 주님의 아름다움과 그 영광을 보았습니다.

무엇보다 하나님께서 창조하신 세계를 바라보며 다윗은 감격하고 있습니다. 다윗은 어려서부터 목동으로 양 떼를 치면서 산과 들로 다닌 사람입니다. 전쟁을 지휘하면서 산과 들에서 야영한 적도 많았습니다. 사울 왕에게 쫓겨 다니면서 산과 들에서 숨어 지낸 적도 많았습니다. 다윗은 자연을 바라보면서 창조주 하나님을 찬양하였고, 하나님의 위대하심을 노래했습니다.

윌리엄스의 저서 "소교리문답 강해"를 보면 어떤 아이가 에이브러햄 링컨 대통령의 동상 앞에 존경심을 가지고 서 있습니다. 그는 왜 동상 앞에서 존경심을 가지고 보고 있을까요?

그 아이는 미국 역사를 공부했고 그 결과 링컨 대통령이 어떤 사람인지 잘 알고 있기 때문입니다. 미국 역사를 모르고 있었다면 그 아이에게 링컨의 동상은 아무런 의미를 주지 못했을 것입니다.

이처럼 우리가 세상을 볼 때도 하나님을 기억하고 기뻐하며 감사하는 것은 성경을 통하여 하나님이 이 세상을 만드셨을 뿐 아니라, 그 세상을 다스리시고 그를 알만한 것들을 보여 주신다는 것을 알고 있기 때문입니다.

하나님께서 창조하신 우주를 바라보면 그 신비함이란 이루 말할 수 없습니다. 태양계가 속한 은하계에는 약 2,000억 개 별들이 있을 것으로 추정합니다. 우주는 우리의 상상을 초월합니다. 지금도 계속해서 평창하고 확장되고 있습니다. 약 2,000억 개의 별을 가진 은하계와 같은 별의 군단이 다시 1,000억 개 이상이라고 하니 우리의 좁은 머리로는 상상이 되지 않습니다.

우주는 얼마나 넓을까요? 빛은 진공 속에서 초당 약 300만 km를 달리고 있습니다. 빛이 일 초 동안 달리는 거리를 일광초라고 하는데 지구를 일곱 바퀴 돌고 또 반 바퀴를 더 돌 수 있습니다. 우주에서는 그런 빛의 속도로 빛이 일 년 동안 갈 수 있는 거리, 그것을 일 광년이라고 합니다.

넓은 우주를 생각하면 입이 벌어져서 닫히지 않습니다. 천제물리학자들이 말하는 우주의 나이는 137억 년이라고 하는데, 하나님께서 창조하신 세계를 돌아보면 현대과학으로 풀 수 없는 많은 숨은 비밀을 간직하고 있습니다. 분명한 것은 하나님께서 창조하신 우주를 생각하면 감격하지 않을 수 없습니다. 하나님께서는 우주를 창조하시고 지금도 운행하고 계심을 믿으시길 축원합니다.

2. 사람이 무엇이기에 주께서 그를 생각하시며

4절을 보면 "사람이 무엇이기에 주께서 그를 생각하시며 인자가 무엇이기에 주께서 그를 돌보시나이까?"라고 하였습니다.

프랑스의 유명한 수학자이면서 철학자였던 파스칼(Pascal)은 "인간은 갈대다. 그러나 생각하는 갈대다"라고 했습니다. 인간이 아무리 생각하는 존재라고 해도 바르게 생각하지 못하며 동물보다 못한 존재가 되고 맙니다.

하나님은 사람을 생각하십니다. 생각한다는 것은 기억한다는 뜻입니다. 하나님은 사람의 연약함, 아름다움, 사랑을 기억하십니다. 하나님께서 나를 사랑하시기 때문에 나를 잊지 않으십니다. 내 이름을 잊어버리지 않습니다. 나는 하나님의 손바닥에 내 이름이 새겨진 존재입니다.

그럼에도 주님은 우리의 죄와 과거와 허물을 기억하지 않으십니다. 그뿐만 아니라 "돌보십니다." 돌보신다는 말씀은 부모가 어린아이들을 돌보아 주는 것 같이 하나님은 우리를 돌보십

　　　　　회복은 생명입니다(下)

니다. 부모는 혹시 나를 잊을 수 있습니다. 혹시 자식은 부모를 버릴 수 있습니다. 그러나 하나님은 나를 잊지 않으시고 언제나 나를 돌보십니다. 그래서 다윗은 "사람이 무엇이기에, 인자가 무엇이기에"라고 감격하고 있습니다.

무신론자인 쇼펜하우어라는 유명한 철학자가 어느 날 복잡한 길을 가면서 깊은 생각을 하면서 걷고 있었습니다. 그러다가 앞에서 오는 사람과 정면으로 부딪쳤습니다. 그러자 앞에서 오는 사람이 화를 벌컥 내면서 "당신 누구요?"라고 소리쳤습니다. 쇼펜하우어는 미안한 듯이 뒤를 물러서면서 "바로 그것이 문제입니다. '내가 지금 누구인가?' 생각하는 중입니다"라고 했다고 합니다.

여러분, 나는 누구입니까? 한 여자의 남편, 아니면 아버지입니다. 성도들이 "목사님"이라고 하면 목사입니다. 깊이 생각해 보면 나 자신은 나일 뿐입니다. 나는 누구입니까?

하나님 앞에서 나는 누구냐고 물어보아야 합니다. 나는 누구입니까? 우리 장로교를 창시한 종교개혁자 요한 칼빈은 "하나님에 대한 지식이 없이는 내게 대한 지식도 없다"라고 했습니다. 하나님을 알아야 나를 알 수 있습니다.

펄스라는 사람은 정신분석학자이며 심리학자인데 그는 "통째로 버려라"라는 책을 저술했습니다. 그는 건강한 사람의 특징 네 가지를 말했는데 한기만 말씀드리면 정신적으로 건강한 사람을 "자신이 누구인지 아는 사람"이라고 했습니다. 남들이 뭐라고 하든지 자신의 정체성을 아는 사람입니다. 이 사람이 건강한 사람입니다.

인간은 하나님 앞에서 항상 부끄럽고 부족함을 느끼고, 죄인에 불과하고 심판받아야 마땅한 사람입니다. 하나님 앞에 서게 되면 "인간이 무엇이기에"라고 말할 수밖에 없습니다. 무엇보다 중요한 것은 인간이 하나님의 형상대로 지음 받았음을 생각하면 감격하지 않을 수 없습니다.

하나님의 형상을 외모가 비슷하다고 생각하면 어리석은 발상입니다. 하나님의 형상이란 외형적이고 눈에 보이는 가시적인 것이 아닙니다. 하나님의 형상에 대해서 풍부한 언어 능력과 지능과 의지와 감정이라고 주장하는 사람들이 있습니다. 그러나 인간만이 하나님과 교통할 수 있습니다. 그래서 형상이란 하나님과 교류할 수 있는 어떤 관계성을 가지고 지으셨다는 말입니다.

하나님의 형상대로 지음을 받았다는 사실을 생각하면 감격하지 않을 수 없습니다. 하나님의 형상대로 지음 받았음을 감격하고 사시길 축원합니다.

회복은 생명입니다(下)

3. 하나님보다 조금 못하게 하시고

5절을 보면 "그를 하나님보다 조금 못하게 하시고 영화와 존귀로 관을 씌우셨나이다"라고 하였습니다. 여기서 두 가지를 생각할 수 있습니다.

① 하나님보다 조금 못하게 창조하셨다

창세기 1장 27절을 보면 "하나님이 자기 형상 곧 하나님의 형상대로 사람을 창조하시되 남자와 여자를 창조하시고"라고 하였습니다. 이 말씀은 하나님 다음가는 모든 동물의 으뜸가는 존재로 창조하였다는 뜻입니다. 그러니까 창조부터 감격적인 것입니다. 하나님의 생기를 불어 넣어주신 피조물은 인간밖에 없습니다. 인간을 코끼리나 사자나 개미같이 만드셨다면 코끼리나 사자나 개미로 살았을 것인데 인간으로 창조하신 은혜를 생각하면 감격할 뿐입니다.

② 영화와 존귀로 관을 씌우셨나이다

다윗은 베들레헴에서 양을 치던 목동입니다. 베들레헴 언덕과 들녘을 뛰어다니며 피리를 불며 수금을 타며 노래하고 양을 치던 소년 다윗에게 어느 날 갑자기 행운이 찾아온 것입니다.

행운이 무엇입니까? 사무엘 선지자가 다윗에게 이스라엘의 왕이 된다는 예언입니다. "베들레헴 목동이 왕이 된다"는 것은 있을 수 없는 일입니다.

그러나 다윗은 왕이 되었습니다. 그의 머리엔 영화와 존귀의 왕관이 씌어졌고 통치권이 주어졌고 부귀가 주어졌습니다. 이 사실을 다윗은 감격하고 있습니다. 고린도전서 15장 10절을 보면 바울은 "나의 나 된 것은 오직 하나님의 은혜"라고 고백합니다. 나의 나 된 것이 나 때문이라고 생각하면 감사가 없습니다. 내가 수고하고 고생하고 노력의 결과라는 생각 때문입니다. 그러나 다윗이나 바울처럼 하나님께서 영화와 존귀로 관을 씌우시고 나의 나 된 것은 하나님의 은혜라고 생각하면 이것은 하나님께서 주신 복입니다.

우리가 하나님께 택함을 받았고 거듭나게 하셨고, 구원해 주셨고, 하나님의 자녀로 삼아 주신 은혜를 생각하면 감사할 뿐입니다. 여기서 끝나는 것이 아닙니다. 장차 영원한 하나님 나라에서 누리게 될 영광과 존귀와 평강과 기쁨을 생각하며 감격하지 않을 수 없습니다.

다윗을 통해 주시는 말씀을 생각하며, 감격을 상실했다면 회복하는 성도가 되시길 축원합니다.

34

공동체

"그러므로 그리스도 안에 무슨 권면이나 사랑의 무슨 위로나 성령의 무슨 교제나 긍휼이나 자비가 있거든 마음을 같이하여 같은 사랑을 가지고 뜻을 합하며 한마음을 품어 아무 일에든지 다툼이나 허영으로 하지 말고 오직 겸손한 마음으로 각각 자기보다 남을 낫게 여기고 각각 자기 일을 돌볼뿐더러 또한 각각 다른 사람들의 일을 돌보아 나의 기쁨을 충만하게 하라"(빌 2:1~4).

심리학자들이 쥐를 대상으로 실험을 했습니다. A, B, C 상자 셋을 준비해서 A 상자에는 쥐 한 마리를, B 상자에는 쥐 열 마리를, C 상자에도 쥐 열 마리를 넣었습니다. 세 상자에 들어 있는 쥐들은 같은 음식을 주고, 같은 온도, 같은 습도에서 지내게 했습니다. C 상자에 있는 쥐들은 매일 정성스럽게 어루만져 주며, "쥐들아, 내가 너희를 사랑한다"라고 표현을 해 주었답니다.

그리고 쥐들의 수명을 관찰했는데 홀로 사는 A 상자의 쥐는 500일을 살았고, B 상자의 쥐들은 평균 750일을 살았습니다. 그러나 매일 사랑의 손길로 어루만져 준 C 상자의 쥐들은 평균 950일을 살았답니다. 홀로 사는 쥐보다 공동체를 이루어 더불어 사는 쥐들이 훨씬 오래 살았고, 공동체를 사는 쥐 중에서도 날마다 사랑을 표현해 준 쥐들은 훨씬 더 오래 살았다는 것입니다.

물론 쥐와 사람을 동일하게 적용한다는 것은 문제가 있을 수 있지만 분명한 것은 혼자 사는 사람이 편하고 좋을 것 같아도 수명은 짧다는 것입니다. 외로움과 지루함과 극도의 간섭을 거부 등으로 오히려 건강이 상하고, 수명이 단축된다는 것입니다.

B 상자의 쥐들처럼 사람들도 함께 공동체를 이루어 살아가면서 때로 다투고, 스트레스도 받고, 아웅다웅하지만 그런 중에서도 관계 속에서 서로 의존하고, 배려하고 상대방을 의식하면서 사회적 건강을 누리기 때문에 혼자 사는 사람들보다 더 장수하게 된다는 것입니다.

고대 그리스 철학자 아리스토텔레스(Aristoteles)가 "인간은 사회적 동물이다"라고 한 말을 인용하지 않더라도 사람은 인간관계의 사슬에서 벗어날 수 없습니다. 어차피 혼자서는 살아갈 수 없고, 혼자서는 큰일을 도모할 수 없습니다.

 회복은 생명입니다(下)

미국 캘리포니아가 원산지로 세계에서 가장 키가 큰 나무로 알려진 '레드우드'라는 나무는 수명이 2, 3천 년쯤 됩니다. 높이가 100m를 넘고, 둘레도 8~9m나 되는 큰 나무입니다. 이렇게 큰 나무가 어떻게 비바람을 이겨 내는가를 연구하다가 나무 밑을 파 보고는 중요한 것을 알아냈다고 합니다. 이렇게 큰 나무는 뿌리를 깊이 박고 다른 나무들과 서로 연결되어 있었다는 것입니다. 그 결과 어떤 기상 변화에도 견딜 수 있었던 것입니다.

신앙생활도 이와 같습니다. 자기 혼자서는 유혹과 시련에 부딪힐 때 넘어질 수밖에 없습니다. 그러나 교회라는 공동체를 통하여 함께 살아갈 때 신앙인은 모든 환난을 극복할 수 있습니다. 그러므로 신앙인이면 공동체를 세워가야 합니다.

하지만 공동체를 무너뜨리는 사람들이 있습니다. 공동체를 깨뜨리는 것은 무엇일까요?

야고보서 3장 16절을 보면 이렇게 말씀합니다.

"시기와 다툼이 있는 곳에는 혼란과 모든 악한 일이 있음이라."

시기와 다툼이 있는 곳에는 혼란과 모든 악한 일이 있다고 했습니다. 시기와 다툼은 공동체를 깨뜨리는 것입니다. 14절에는 독한 시기와 다툼이라고 말씀합니다. 독한 시기란 다른 사람의 의사를 꺾고 자기 의사를 내세우려는 강한 욕구를 가리킵니다. 남의 의견을 한 마디로 꺾고 자기 뜻대로 하려고 하면 하나 되기 어렵습니다. 공동체를 무너뜨리게 됩니다.

다툼도 공동체를 무너뜨리는 중요한 요소입니다. 다툼은 다른 성경에서는 "이기적인 야심"이라고 번역하고 있습니다. 여기서 다툼은 정당에서 당권을 장악하기 위해서 다투는 그런 다툼을 말합니다. 이기적인 야심에서 나오는 다툼은 공동체를 깨뜨립니다. 그렇다면 교회 공동체를 세우고 이루는 방법은 무엇일까요?

1. 마음을 같이하여

2절을 보면 "마음을 같이하여 같은 사랑을 가지고 뜻을 합하며 한마음을 품어"라고 하였습니다. 여기 "마음을 같이하여" 또 "한마음을 품어"는 같은 뜻입니다.

많은 사람이 한 마음, 한 생각을 가질 수 없지만 예수님에 대해서 마음과 생각이 일치되면 예수님을 중심으로 마음과 정신은 통일될 수 있습니다. 사람이 자유를 사랑하면 자유민주주의 사회를 이루는 사람이 되고, 공산주의를 사랑하면 공산당이 됩니다.

예수님을 사랑하는 사람은 그리스도인이 되어 교회를 이루

　　　　　　　　　　　　　　　회복은 생명입니다(下)

게 됩니다. 그래서 바울은 빌립보교회 성도들에게 "마음을 같이하여", "한마음을 품어"라고 권면하고 있습니다. 예수님을 중심으로 한마음이 되면 화합하는 교회, 하나 되는 교회 공동체를 이룰 수 있습니다.

"마음을 같이하라. 한 마음을 품어라"는 무슨 의미일까요? 같은 마음을 가지라는 것입니다. 하나 되는 마음을 가지라는 것입니다. 예수님을 닮은 마음을 가지라는 것입니다.

기러기들이 철을 따라 남쪽으로 이동합니다. 기러기가 떼를 지어 날아가는데 그 모양을 보면 영어의 V 자의 반대 모양입니다. 조류학자들이 연구를 해보니 앞에 있는 기러기가 날개를 퍼덕이면 뒤에 있는 기러기에게 약력이 작용하게 된답니다. 혼자 나는 것보다는 71%를 더 멀리 날 수 있게 된다고 합니다. 같은 방향으로 교대하면서 나는데 뒤에 있는 기러기들이 우는 소리를 냅니다. 이것은 우는 게 아니라 앞에 있는 기러기에게 힘을 주는 응원의 소리라고 합니다.

이렇게 미물들도 연합할 줄 아는 데 하나님의 거룩한 백성들, 성숙한 신앙인이라면 당연히 연합하고, 일치하고, 하나 되어야 합니다. 지금 한국교회도 그렇지만 빌립보교회도 부인들이 많았다고 합니다. 그래서 부인들의 세력이 컸다고 합니다. 부인들 가운데 순두게와 유오디이라는 여인이 있었는데 이 사람들은 바울의 선교사업에 적극적으로 참여한 여인들입니다.

이들이 열정적으로 교회 일을 하다가 사소한 문제로 그들 간
에 불화가 일어났습니다. 옥중에서 바울이 이 사실을 듣고 교
회의 평화가 깨지는 것이 마음 아팠습니다. 그래서 총력을 다
해 교회의 평화와 화합을 위해 힘쓸 것을 권면하면서 "마음을
같이 하라. 한 마음을 품어라"고 한 것입니다.

바울은 교회가 분열을 극복하고 하나 될 수 있는 네 가지 이
유를 제시하고 있습니다. 권면, 위로, 교제, 긍휼과 자비를 말
합니다.

제 2차 세계대전이 끝나고 미국 캘리포니아에 있는 어떤 기
독교 대학이 어떤 산속에서 수양회를 개최했습니다. 수양회에
참석한 사람들 가운데는 히틀러 당시의 독일 공군에 복무했던
조종사, 일본을 위해 싸웠던 조종사, 그리고 독일 폭격에 참여
했던 미합중국 공군 소속의 전직 조종사가 있었습니다. 이 세
명의 조종사들은 구원을 받은 적이 없었고 서로 만나 본 일도
없었습니다.

수양회 마지막 시간에 모든 사람이 캠프파이어 주위에 모였
습니다. 사회자는 사람들에게 주 예수 그리스도를 구세주로 영
접하라고 권유하며 주님을 위해 그들의 생명을 번제물로 기꺼
이 드리겠다는 표시로 막대기를 집어 불 속에 던지라고 했습니
다. 잠시 후 독일 조종사가 제일 먼저 던졌고, 그 뒤를 이어 일

본 조종사와 미국 조종사가 따라 던졌습니다.

눈물이 눈에 가득 고인 채 옛날의 적들은 서로를 팔로 감싸 안고 다른 성도들과 목소리를 함께 하여 "주 믿는 형제들 사랑의 사귐은"이라는 찬송가를 불렀습니다. 그들은 우리가 성도로서 누리는 사랑의 교제를 체험하고 있었던 것입니다.

교회 공동체를 이루기 위해서는 마음을 같이해야 합니다. 예수님을 중심으로 한마음이 되셔서 교회 공동체를 이루어 가시길 축원합니다.

2. 오직 겸손한 마음으로

3절을 보면 "아무 일에든지 다툼이나 허영으로 하지 말고 오직 겸손한 마음으로 각각 자기보다 남을 낮게 여기고"라고 하였습니다.

교회 공동체를 이루려면 마음을 같이 해야 하고, 겸손한 마음을 가져야 합니다. 신앙인의 가장 중요한 덕목을 말한다면 겸손입니다. 겸손한 사람은 남을 자기보다 낮게 여깁니다. 반대로 교만한 사람은 자기를 남보다 낮게 생각합니다. 겸손이란 자세를 낮추는 것입니다.

성경을 보면 신실한 하나님의 사람들은 자기를 낮추었습니다. 겸손했습니다. 하나님 앞에서 자기 주제를 파악한 사람은 겸손하게 됩니다. 아브라함은 "티끌과 같은 자", 기드온은 "나의 집은 므낫세 중에 극히 약하고 나는 내 아비 집에서 제일 작은 자니이다"(삿 6:15), 다윗은 "넘어지는 담과 흔들리는 울타리 같은 사람"(시 62:3), 솔로몬은 "작은 아이"(왕상 3:7), 사도 바울은 "모든 성도 중에 지극히 작은 자보다 더 작은 자"(엡 3:8)라고 했습니다.

하나님 앞에서 겸손하지 못한 사람이 있다면 은혜받지 못한 사람입니다. 은혜받았다면 반드시 겸손할 수밖에 없습니다. 겸손한 사람은 좋은 결과를 맞을 때 그 영광을 하나님께 돌립니다. 겸손한 사람은 영혼의 평안과 마음의 안식을 누릴 수 있습니다. 겸손한 사람에게 주어지는 것이 있습니다.

① 은혜를 주십니다(벧전 5:5).
② 존귀로 가는 지름길입니다(잠 15:33).

예수 믿는 사람들에게 가장 중요한 덕목은 겸손입니다. 성 어거스틴에게 한 제자가 찾아와 신앙인의 덕목 가운데 첫째가 무엇이냐고 물었습니다. 그때 어거스틴은 첫째도 겸손, 둘째도 겸손, 셋째도 겸손이라고 말했습니다.

고려 때부터 조선까지 8대 왕을 모신 '유관'은 존경받는 정승으로 늘 손꼽히는 인물입니다. 그는 막강한 권력의 자리에 있었음에도 울타리 없는 오두막에서 살았고, 수레나 말을 쓰지 않고 지팡이를 짚고 걸어 다녔습니다. 심지어 겨울이나 여름에나 짚신을 신고 나가 호미를 들고 채소밭을 돌아다니며 스스로 밭일을 하기도 했습니다. 때문에 마을 사람들은 유관이 나라의 재상인 줄도 몰랐을 정도였습니다.

그렇게 검소했던 유관에게 유명한 일화가 있습니다. 한 번은 장맛비가 오래 계속되어 방안까지 빗물이 들어올 정도였습니다. 나중에는 지붕에서도 비가 새자, 유관은 우산을 쓰고는 비를 피했습니다. 그리고 걱정하는 부인에게 말했습니다.

"우리는 우산이라도 있지만 우산도 없는 백성들의 집은 이런 날 어떻게 견디겠소!"

고려의 공민 왕부터 조선의 세종까지 변치 않고 늘 청렴한 유관의 검소한 모습에 왕은 물론 백성들까지 오랫동안 존경했다고 합니다.

왜 다툽니까? 자신을 내세우고자 하기 때문입니다. 다툼과 교만은 공동체를 무너뜨리고 겸손은 공동체를 세웁니다. 겸손함으로 공동체를 세워가는 성도가 되시길 축원합니다.

3. 다른 사람들의 일을 돌아보아

4절을 보면 "각각 자기 일을 돌볼뿐더러 또한 각각 다른 사람들의 일을 돌보아 나의 기쁨을 충만하게 하라"고 하였습니다.

자기 일을 돌볼뿐더러 다른 사람들의 일을 돌보아야 합니다. 다른 사람의 일을 돌아보는 것은 성도의 몫입니다. 그렇다면 어떻게 남을 돌아 볼 수 있을까요?

① 마음을 나누어야 합니다.
② 시간을 나누어야 합니다.
③ 물질을 나누어야 합니다.
④ 섬겨야 합니다.

성경을 보면 다른 사람들을 어떻게 돌봐야 하는 지, 몇 가지를 말씀하고 있습니다.

① 너희 짐을 서로 지라(갈 6:2).
② 성도의 쓸 것을 공급하며 손 대접하기를 힘쓰라(롬 12:13).
③ 기회 있는대로 모든 이에게 착한 일을 하되 더욱 믿음의 가정들에게 할지니라(갈 6:10).

신앙인이면 남을 돌볼 수 있어야 합니다. 남을 돌보아야 할 이

 회복은 생명입니다(下)

유는 남을 돌볼 수 있을 때 비로소 연합할 수 있습니다. 연합할 때 하나님께서 주시는 평강과 행복을 소유하게 됩니다.

세 사람이 눈 덮인 산길을 오르는데 한 사람이 눈에 파묻혀 기진하여 누워 있는 것을 발견했습니다. 두 사람은 혼자서 눈길을 걷는 것도 힘든데, 죽음 직전에 있는 사람을 끌고 가는 것이 내키지 않아 그냥 갔습니다.

다른 한 사람은 아직 호흡이 있는 사람을 그냥 두고 가는 것이 도리에 어긋나는 것 같아 그를 등에 업고 힘들게 산길을 걸어갔습니다. 힘들게 얼마쯤 갔는데 앞에서 먼저 간 두 사람이 눈 속에 누워 있는 것을 보게 되었습니다. 그들은 영하의 혹독한 날씨를 견디지 못하고 그렇게 얼어 죽은 것입니다. 그러나 다 죽게 된 사람을 둘러업고 눈이 덮이고 혹한의 길을 가는 사람은 두 사람의 체온이 마주하고 힘들게 걷기에 땀을 흘린 까닭에 혹한에도 무사할 수가 있었습니다.

자기만 살려고 하면 죽고 맙니다. 그러나 남을 살리려고 하면 남도 살리고 자기도 살게 됩니다. 공동체를 회복하려면 마음을 같이 하고, 오직 겸손한 마음으로 해야 하고 다른 사람들의 일을 돌아보아야 합니다. 이런 성도가 되시길 축원합니다.

35

탈진

"아합이 엘리야가 행한 모든 일과 그가 어떻게 모든 선지자를 칼로 죽였는지를 이세벨에게 말하니 이세벨이 사신을 엘리야에게 보내어 이르되 내가 내일 이맘때에는 반드시 네 생명을 저 사람들 중 한 사람의 생명과 같게 하리라 그렇게 하지 아니하면 신들이 내게 벌 위에 벌을 내림이 마땅하니라 한지라 그가 이 형편을 보고 일어나 자기의 생명을 위해 도망하여 유다에 속한 브엘세바에 이르러 자기의 사환을 그 곳에 머물게 하고 자기 자신은 광야로 들어가 하룻길쯤 가서 한 로뎀 나무 아래에 앉아서 자기가 죽기를 원하여 이르되 여호와여 넉넉하오니 지금 내 생명을 거두시옵소서 나는 내 조상들보다 낫지 못하니이다 하고 로뎀 나무 아래에 누워 자더니 천사가 그를 어루만지며 그에게 이르되 일어나서 먹으라 하는지라 본즉 머리맡에 숯불에 구운 떡과 한 병 물이 있더라 이에 먹고 마시고 다시 누웠더니 여호와의 천사가 또 다시 와서 어루만지며 이르되 일어나 먹으라 네가 갈 길을 다 가지 못할까 하노라 하는지라 이에 일어나 먹고 마시고 그 음식물의 힘을 의지하여 사십 주 사십 야를 가서 하나님의 산 호렙에 이르니라"(왕상 19:1~8).

회복은 생명입니다(下)

시계나 자동차도 한번 배터리를 교체하거나 휘발유를 주입하면 한 달이나 일 년이라도 사용할 수 있다면 얼마나 좋겠습니까? 사람도 식사를 한 번 하면 일 년이나 십 년 동안 안 먹어도 된다면 얼마나 좋겠습니까? 시계나 자동차나 사람도 인간의 마음대로 되는 것이 아닙니다.

배터리가 방전되면 교환이 필요합니다. 자동차도 앵꼬가 되면 반드시 휘발유를 주입해야 합니다. 사람도 쉴 때 쉬지 않고 무리하게 일을 하면 피곤함을 넘어 기진맥진하게 되고 건강에 큰 위협이 될 수 있습니다.

몸의 탈진 현상이 나타나면 식용조절, 심장병, 염증 증가와 관련이 있으면, 바이러스 감염위험을 50% 증가시킨다고 합니다. 그러므로 충분한 수면 등을 통해 탈진 상태가 되는 것을 막아야 합니다. "데일번닷컴"이라는 미국의 건강정보 사이트에서 탈진 증상 4가지를 소개하고 있습니다.

첫째는 입술이 마릅니다.

입술이 마르고 갈라지거나 피부에 비늘이 생기거나 두통이 자주 발생하면 체내 수분 부족을 의심하게 됩니다. 체내 수분이 부족할수록 더 피곤하게 되니 항상 물을 마시는 것이 필요합니다.

둘째 정신이 멍합니다.

인간의 뇌는 수면이 필요합니다. 잠을 충분히 자지 못하면 가동이 되지 않습니다. 신체는 수면을 통해 화학적인 불균형을 안정시키고 기분과 행동을 조절하는 뇌부위를 회복시키고 하루 종일 저장한 기억과 정보를 처리합니다.

셋째 스트레스가 너무 심합니다.

스트레스와 탈진은 서로를 부채질하며 연이어 발생하는 악순환의 고리를 형성할 수 있습니다. 스트레스에 대처하다 보면 탈진으로 인한 불면증이 생길 수 있습니다. 이런 불면증은 다시 극심한 스트레스와 탈진을 유발하게 됩니다. 명상기법 등을 통해 스트레스를 적절하게 해소하는 방법을 찾아야 합니다.

넷째 정크푸드를 평소보다 많이 찾습니다.

정크푸드란 열량은 높지만, 영양가는 낮은 즉석식과 즉석식품을 말합니다. 햄버거, 탄산음료, 과자 등등 패스트푸드와 인스턴트 식품이 정크푸드입니다. 피곤하면 할수록 고지방, 고탄수화물을 찾기 때문에 탈진 상태가 되면 더 정크푸드를 많이 먹게 됩니다.

사람은 육체의 탈진도 조심해야 합니다. 동시에 영적인 탈진

　　　　　　　　　회복은 생명입니다(下)

도 주의를 기울여야 합니다. 엘리야 선지자라고 하면 선지자의 대표주자라고 할 수 있는 정도입니다. 능력의 선지자입니다.

사르밧 동네에 사는 과부는 아들과 둘이 사는데 집이 너무 가난했습니다. 먹을 것이라고는 통에 가루 조금과 병에 기름이 조금 밖에 없습니다. 이것으로 음식을 만들어 먹고 굶어 죽으려고 했습니다. 이 가정에 엘리야 선지자가 통의 가루와 병의 기름이 떨어지지 않게 했습니다. 사르밧 과부의 아들이 죽자, 살린 분도 엘리야 선지자입니다.

또 이방 선지자 850명과 대결하여 여호와 하나님이 참 신인 것을 증명한 사람도 엘리야입니다. 3년 육 개월 동안 비가 오지 않았지만, 엘리야가 기도하므로 비가 오도록 했던 선지자도 엘리야입니다. 이런 능력의 선지자지만 이세벨이 죽이려고 하자 실의와 좌절에 빠져 광야로 도망가서 죽여 달라고 기도했습니다.

엘리야뿐이 아니고 누구든지 육적으로나 영적으로나 탈진할 수 있습니다. 탈진에서 회복할 수 있는 방법을 엘리야에게 배우시길 축원합니다.

1. 여호와여 넉넉하오니

4절을 보면 "자기 자신은 광야로 들어가 하룻길쯤 가서 한 로

덴 나무 아래에 앉아서 자기가 죽기를 원하여 이르되 여호와여 넉넉하오니 지금 내 생명을 거두시옵소서 나는 내 조상들보다 낫지 못하니이다"라고 하였습니다.

이방 선지자 850명을 상대로 여호와 하나님이 참신인 것을 증명했던 엘리야 선지자가 이세벨이 죽이려고 하자 유다에 속한 브엘세바로 도망을 갔습니다. 브엘세바에서 홀로 유대 광야로 깊이 들어갔습니다. 유대 광야는 황량한 사막입니다. 주변을 돌아보아도 아무것도 없는 곳입니다. 영적으로 탈진한 엘리야는 이곳에서 하나님께 기도했습니다. 하나님께 기도했다는 것은 하나님을 만났다는 것입니다.

누구나 탈진할 수 있습니다. 탈진했을 때는 누구를 만나느냐가 중요합니다. 탈진했을 때 이단을 만나면 이단으로 빠질 가능성이 큽니다. 기도하는 사람을 만나면 기도할 가능성이 큽니다. 가정에서도 믿음 좋은 사람이 가정의 리더가 되어야 합니다. 그래야 문제가 생길 때 신앙적으로 해결할 수 있습니다.

믿음이 없는 사람이나 부족한 사람이 가정의 리더가 되면 믿음이 아니라 세상적인 방법으로 해결하려고 하면 오히려 문제가 복잡해질 수 있습니다. 신앙인이면 어떤 경우에도 기도해야 하고 기도하면 하나님을 만날 수 있습니다. 하나님을 만나는 것보다 중요한 것은 없습니다.

탈무드 신학교에 입학을 원하는 사람이 면접시험을 치르게 되었습니다. 면접관이 이렇게 물었습니다. "우리 학교에 입학하려는 이유가 무엇입니까?" 탈무드 신학교에 합격한 사람들은 이렇게 대답했다고 합니다. "좋은 랍비를 만나기 위해서입니다."

그렇다면 여러분은 무엇 때문에 교회 나오십니까? 설교를 듣고 위로받으려고 나오십니까? 마음에 평안을 얻으려고 나오십니까? 친한 사람들을 만나기 위해서 나오십니까? 아니면 기도하면 잘 풀릴 것 같고 복을 많이 받을 것 같아서 나오십니까?

물론 이런 이유로 교회에 나올 수 있습니다. 그러나 우리가 교회 나오는 가장 중요한 이유는 하나님을 만나고 예수님을 만나고, 성령을 만나기 위해서입니다. 어떻게 하나님을 만날 수 있을까요?

첫째는 말씀을 통해 만납니다.

누가복음 5장을 보면 베드로가 밤새워 고기를 잡으려고 했지만 한 마리도 못 잡았습니다. 예수님이 오셔서 물으셨습니다. "고기 많이 잡았느냐?" "못 잡았습니다." 그물을 깊은 데로 내려 고기를 잡으라고 하시자 베드로는 이렇게 말합니다.

"말씀에 의지하여 그물을 내립니다."

말씀에 의지하여 그물을 내렸더니 고기를 많이 잡았습니다. 그러자 예수님이 주님으로 보였고, 자신은 죄인으로 보였습니다. 그러자 예수님은 베드로에게 사람 낚는 어부가 되게 하셨습니다. 예수님의 말씀, 하나님의 말씀, 말씀을 통해서 하나님과 예수님을 만납니다.

또한 사건들을 통해서도 하나님과 예수님을 만납니다. 성도 여러분, 탈진 상태입니까? 예수님을 만나고, 하나님을 만나서 서 탈진을 회복하시길 축원합니다.

2. 일어나서 먹으라

5절을 보면 "로뎀 나무 아래에 누워 자더니 천사가 그를 어루만지며 그에게 이르되 일어나서 먹으라 하는지라"고 하였습니다. 6절과 7절에도 먹으라고 말씀합니다.

광야로 도망간 엘리야가 로뎀나무 그늘에 누워 자는데, 천사가 엘리야를 어루만지며 일어나서 먹으라고 했습니다. 일어나서 숯불에 구운 떡과 물을 먹고 마시고 누웠는데 또 천사가 일어나서 먹으라고 했습니다.

하나님은 우리에게 영적인 쉼과 영적인 양식을 풍성하게 주십니다. 하나님의 말씀은 능력이요, 생명입니다. 말씀은 사람을 살리는 신비한 능력이 있습니다. 광야의 고달픈 길을 걸어가는 이스라엘 백성들이 매일 하늘에서 내려오는 만나를 먹은 것처럼 우리는 매일 신령한 만나인 하나님의 말씀을 먹어야 합니다.

하나님의 말씀은 우리를 진단하고 치료하고 수술하고 치유와 회복도 시켜 주십니다. 주일예배를 제정하신 하나님의 자상하신 배려 가운데 하나는 예배 시간에 선포되는 말씀을 들음으로 신자의 몸과 마음과 영혼이 소성함을 얻고 치유를 받게 하시는 것입니다.

아모스 8장 11절을 보면 "양식이 없어 주림이 아니며 물이 없어 갈함이 아니요 여호와의 말씀을 듣지 못한 기갈이라"고 했습니다. 영적인 존재인 사람은 먹고, 마시고, 자고, 치료받는 것으로 회복될 수 없습니다. 사람은 하나님의 말씀을 들어야 살 수 있습니다.

하나님의 사람은 반드시 하나님의 음성을 들어야 합니다. 하나님의 말씀을 들어야 합니다. 그래야 영이 살 수 있습니다. 귀가 아무리 밝아도 하나님의 음성을 듣지 못하는 사람은 죽은 사람입니다. 아무리 눈이 밝아도 하나님을 보지 못하는 사람은 죽은 사람입니다. 하나님의 음성을 들어야 살아 있는 사람입니다. 하나님의 음성을 들어야 비로소 영혼이 잘됨같이 범사가 잘되고 강건할 수 있습니다.

육신의 건강은 먹는 것과 밀접한 관련이 있습니다. 영적인 건강은 영적인 양식과 깊은 관련이 있습니다. 말씀으로 상징되는 성소의 떡에 담긴 영적인 교훈이 있습니다.

① 상에 차려진 떡은 제사장의 양식으로 제공됩니다.

떡은 열두 개이며 누룩 없는 떡입니다. 이 떡은 영적인 양식 곧 하나님의 말씀을 상징합니다

② 상에 올라가는 떡의 재료는 고운 가루입니다.

섞이지 않는 가루입니다. 말씀의 기근도 문제지만 잘못된 말씀들이 흘러넘치는 것은 더 큰 문제입니다. 신앙인이면 말씀을 부지런히 받아야 하지만, 섞이지 않는 순수한 하나님의 말씀을 취해야 합니다.

③ 떡 상이 번제단과 물두멍 다음에 있는 이유가 있습니다.

번제단을 통과하지 못한 사람, 즉 거듭나지 못한 사람은 결코 맛을 알 수 없습니다. 새로운 생명은 새로운 감각을 가집니다. 고린도전서 2장 13절을 보면 "영적인 일은 영적인 것으로 분별하느니라"고 했습니다.

거듭났다고 해도 병든 사람은 식욕이 생기지 않습니다. 영적인 질병이 있으면 말씀을 읽거나 들어도 감동이 없습니다. 그러므로 물두멍을 통과하면서 영적으로 깨끗하고 건강한 사람만이 하나님이 말씀을 잘 받을 수 있습니다.

하나님은 우리에게 영적인 쉼을 주실 뿐 아니라 영적인 양식

    회복은 생명입니다(下)

도 풍성하게 허락해 주십니다. 말씀을 영의 양식으로 삼고 사시길 축원합니다.

3. 하나님의 산 호렙에 이르니라

8절을 보면 "이에 일어나 먹고 마시고 그 음식물의 힘을 의지하여 사십 주 사십 야를 가서 하나님의 산 호렙에 이르니라"고 하였습니다.

하나님은 낙심천만하여 의욕을 잃은 엘리야에게 새로운 사명을 주셔서 삶의 의미를 가지고 살아갈 수 있는 사람이 되게 하셨습니다. 엘리야에게 살아야 할 이유를 주신 것입니다. 호렙산에 엘리야가 도착하자 하나님께서 이렇게 말씀하셨습니다. "엘리야야 어찌하여 네가 여기 있느냐." 이때 엘리야는 "내가 만군의 하나님 여호와께 열심히 유별하오니 이는 이스라엘 자손이 주의 언약을 버리고 주의 제단을 헐며 칼로 주의 선지자들을 죽였음이오며 오직 나만 남았거늘 그들이 내 생명을 찾아 빼앗으러 하나이다"(왕상 19:10)라고 대답했습니다.

탈진한 엘리야가 사명을 망각하고 있어야 할 자리를 떠나, 있어서는 안 될 자리에 와 있다는 것입니다. 그러면서 15절 이후에 엘리야의 사명을 다시 확인시켜 주시고 하나님께서 맡기신 사명으로 돌아가게 해 주십니다.

콜럼버스가 미대륙을 발견했습니다. 신대륙을 향해 항해하는 데 어려운 일이 많았습니다. 그때마다 선원들이 반란을 일으키려고 합니다. 심지어는 콜럼버스를 죽이겠다고 위협하기도 했습니다. 그럼에도 콜럼버스는 포기하지 않고 끝까지 밀고 나갔습니다. 후에 콜럼버스가 쓴 일기를 보면 매일 같이 첫머리에는 "We sail west" (우리는 서쪽으로 간다)라는 글이 쓰여 있었다고 합니다.

아무리 낙심되고 좌절할 일이 있어도 하나님을 바라보면서 희망을 잃지 않았다는 것입니다. 고린도후서 4장 8절을 보면, 사도 바울은 "우리가 사방으로 우겨쌈을 당하여도 싸이지 아니하며 답답한 일을 당하여도 낙심하지 않는 것은 생명 되시는 주님이 계시기 때문"이라고 했습니다.

고 백낙준 박사님의 선친이 머슴입니다. 아무런 소망이 없었던 사람입니다. 그러나 그가 예수님을 만났고 교회에 충성하는 모습이 선교사의 눈에 띄어서 공부시켜 후에 우리나라 거목이 되었습니다.

여러분의 영적인 상태는 어떠합니까? 혹시라도 탈진한 상태에 있다면 회복하셔서 하나님 앞에 귀하게 쓰임 받는 성도가 되시길 축원합니다.

     회복은 생명입니다(下)

36

고독

　　"보라 너희가 다 각각 제 곳으로 흩어지고 나를 혼자 둘 때가 오나니 벌써 왔도다 그러나 내가 혼자 있는 것이 아니라 아버지께서 나와 함께 계시느니라 이것을 너희에게 이르는 것은 너희로 내 안에서 평안을 누리게 하려 함이라 세상에서는 너희가 환난을 당하나 담대하라 내가 세상을 이기었노라 예수께서 이 말씀을 하시고 눈을 들어 하늘을 우러러 이르시되 아버지여 때가 이르렀사오니 아들을 영화롭게 하사 아들로 아버지를 영화롭게 하게 하옵소서 아버지께서 아들에게 주신 모든 사람에게 영생을 주게 하시려고 만민을 다스리는 권세를 아들에게 주셨음이로소이다 영생은 곧 유일하신 참 하나님과 그가 보내신 자 예수 그리스도를 아는 것이니이다 아버지께서 내게 하라고 주신 일을 내가 이루어 아버지를 이 세상에서 영화롭게 하였사오니 아버지여 창세 전에 내가 아버지와 함께 가졌던 영화로써 지금도 아버지와 함께 나를 영화롭게 하옵소서"(요 16:32~17:5).

영국의 부르크라는 문인이 어느 날 사람들 속에 섞여 있어도 무언지 모를 허전함과 외로움을 느껴 여행을 떠나기로 작정하고 미국행 배를 타기 위해 항구로 나갔습니다. 부두에는 배를 타려는 사람들과 이들을 전송하기 위해 수많은 사람이 북적였습니다.

그런데도 자기를 배웅하려고 나온 사람은 한 사람도 없었습니다. 외롭고 서글픈 생각이 든 부르크는 부둣가에서 놀고 있는 한 아이에게 "얘야, 내가 너에게 6실링(천 원 정도)을 줄 테니, 내가 저 배를 타고 떠날 때 나를 바라보면서 손을 흔들어 줄래?"라고 부탁을 했습니다. 돈을 받아 든 아이는 정말 열심히 손을 흔들어 주었습니다. 그러나 부르크는 그날 일기에 "돈 받고 흔드는 손을 보고, 나는 더욱 고독을 느끼게 되었다"라고 썼습니다.

"Peoples"이라는 잡지에서 대학교 미식축구 코치의 이야기를 읽은 기억이 있습니다. 이 미식축구팀이 잘 나갈 때는 주변에 사람들이 많았습니다. 그러나 점차 성적이 떨어지자, 그를 비난하는 사람들이 많아졌습니다. 친구들도 떠나갔고, 유일하게 위로를 기대했던 아내에게서조차 위로받지 못하고 외로움을 느끼기 시작한 그는 애완용 개를 기르기 시작했습니다.

하루는 애완용 개를 바라보며 한숨을 쉬며 "이제 내 친구는 너밖에 없구나"라고 말하자, 개가 꼬리를 흔듭니다. 마침 옆에 무신경하게 앉아 있는 아내의 모습을 훔쳐보며 그는 다시 개를 향해 우리 집에 "너 같은 친구가 하나만 더 있으면 좋으련만"하고 중얼거렸습니다. 그러자 무슨 일이 생겼을까요? 그날로 아내는 그에게 개 한 마리를 더 사 주었다고 합니다. 곁에 있는 배우자조차 친구가 되지 못하는 안타까움을 풍자한 이야기일 것입니다.

찰스 스윈돌(Charles Swindoll) 박사는 달라스 신학교를 우등으로 졸업했습니다. 박사학위를 네 개나 취득했습니다. 이분의 글을 보면, 미국 캔사스 신문에 이런 광고가 실려 있었다고 소개하고 있습니다.

"저에게 전화해 주셔서 30분을 이야기해 주시면 5 달러(6,000원)를 드리겠습니다."

그야말로 현대는 어느 때보다 발전한 시대입니다. 많은 사람이 모여 살고 있습니다. 그럼에도 고독이라는 질병을 앓고 있는 시대입니다. 하나님은 인간을 창조하실 때 고독한 인간으로 창조하지 않으셨습니다. 하나님과 관계를 맺고 에덴에서 살게 하셨고, 부부관계를 통해 가정을 세우게 하셨습니다. 자연을 인간들에게 맡기면서 관리하면서 그 소산을 먹게 하셨습니다.

그러나 사회가 발전하면서 오히려 1인 가구가 빠른 속도로 증가하고 있습니다. 심장병과 암으로 죽는 사람들이 많은데 그 원인도 고독이라고 합니다. 그러므로 우리는 생각해야 합니다. 인간은 고독하도록 지음 받지 않았습니다. 그럼에도 우리는 고독합니다. 죄와 미움이 있는 세상은 언제나 고독합니다.

좋은 집에 살고, 좋은 옷을 입고, 호의호식해도 마음은 공허합니다. 그래서 전도서 1장 8절을 보면 "눈은 보아도 족함이 없고 귀는 들어도 가득 차지 않는다"라고 했습니다.

독일계 스위스인 소설가이자 시인인 헤르만 헤세(Herman Hesse)는 "인생은 고독 그것이다. 왜냐하면 인생은 남을 잘 모르기 때문이다"라고 했습니다. 이 세상에 우리만 고독한 것이 아닙니다. 하나님의 아들이신 예수님도 굉장히 고독했습니다. 이사야 53장 3절은 예수님의 곤고을 이렇게 기록하고 있습니다.

"그는 멸시를 받아 사람들에게 버림 받았으며 간고를 많이 겪었으며 질고를 아는 자라 마치 사람들이 그에게서 얼굴을 가리는 것 같이 멸시를 당하였고 우리도 그를 귀히 여기지 아니하였도다."

예수님은 사람들과 제자들에게 버림받고 나중에 십자가 못 박혀 혼자 몸부림쳤습니다. 얼마나 그 마음이 외로웠으면 십자가에서 고통당할 때 "목마르다"라고 외쳤을까요?

물이 없어 목마른 것이 아니라 고독에 목말랐던 것입니다. 고독할 때 예수님은 어떻게 극복하셨을까요? 고독을 극복하는 비결을 주님께 배우시길 축원합니다.

1. 아버지께서 나와 함께 계시느니라

32절을 보면 "보라 너희가 다 각각 제 곳으로 흩어지고 나를 혼자 둘 때가 오나니 벌써 왔도다 그러나 내가 혼자 있는 것이 아니라 아버지께서 나와 함께 계시느니라"고 하였습니다.

예수님 당시 주변에는 수많은 사람이 몰려들었습니다. 그러나 다 흩어지고 혼자 있을 때가 올 것을 아셨습니다. 또한 사람들은 다 떠날지라도 하나님께서는 함께하신다는 사실을 예수님은 아셨습니다.

앤디 깁(Andy Gibb)은 영국의 가수, 작사가, 작곡가, 뮤지컬 배우입니다. 처음 음반을 냈을 때 수백만 달러의 수입을 얻었고, 22살이란 어린 나이에 그래미상을 2번이나 탔습니다. 그러나 그는 무대 위의 화려함 뒤에 찾아오는 고독과 불안을 이기지 못하고 마약에 손을 대기 시작했고 타락한 생활을 하다가 10년 후인 불과 32살의 나이에 태산같이 빚을 진 채 쓸쓸하게 목숨을 끊고 말았습니다.

아무도 없고 혼자라고 생각할 때 외로움을 느낍니다. 독신, 이혼, 재혼, 별거, 사별로 인해 현대인들은 고독과 싸우고 있습니다. 예수님은 다 흩어지고 혼자 있는 것 같았지만 아버지께서 나와 함께 계신다고 했습니다.

이사야 41장 10절을 보면 "두려워하지 말라 내가 너와 함께 함이라 놀라지 말라 나는 네 하나님이 됨이라 내가 너를 굳세게 하리라 참으로 너를 도와주리라 참으로 나의 의로운 오른손으로 너를 붙들리라"고 하였습니다.

인간은 위기 상황이 되면 하나님이 떠난 것처럼 느껴집니다. 그러나 하나님은 임마누엘의 하나님이십니다. 위기의 순간에 두려움과 공포와 불안과 외로움이 우리를 짓누른다고 해도 하나님께서 함께하시면 부족함이 없습니다.

영국 런던에 가면 웨스트민스터 사원이 있는데 이 사원을 방문하는 사람들은 웨슬리 형제를 위해 세워진 기념비에 새겨진 요한 웨슬리가 했다는 세 마디 말을 읽고 깊은 감동을 받는다고 합니다.

첫째는 세계는 나의 교구다.

둘째는 하나님께서는 당신의 일꾼은 땅에 묻으시나 당신의 일은 계속해 나가신다.

셋째는 세상에서 가장 좋은 것은 하나님께서 우리와 함께하신다는 것이다.

　　　　　　　　　　　　　　회복은 생명입니다(下)

이 셋째 말은 웨슬리가 임종을 맞이한 때 한 말입니다. 웨슬리는 죽기 직전 팔을 높이 들고 승리의 기쁨이 넘치는 목소리로 "세상에서 가장 좋은 것은 하나님께서 우리와 함께하신다는 것이다"라고 외쳤다고 합니다. 성도 여러분, 어떤 형편 가운데 있을지라도 하나님께서 함께하심을 믿고 사시길 축원합니다.

2. 눈을 들어 하늘을 우러러 이르시되

17장 1절을 보면 "예수께서 이 말씀을 하시고 눈을 들어 하늘을 우러러 이르시되 아버지여 때가 이르렀사오니 아들을 영화롭게 하사 아들로 아버지를 영화롭게 하게 하옵소서"라고 하였습니다.

요한복음 13장에서 예수님은 사랑의 행동을 하시고, 14~16장에서는 설교를 하시고, 17장에서는 기도를 하십니다. 예수님은 요한복음 11장 41절에서는 눈을 들어 기도하시고 마태복음 26장 29절에서는 땅에 엎드려 기도하셨습니다.

복음서를 보면 예수님은 자주 무리를 피하여 한적한 곳으로 가셨다는 기록이 나옵니다. 예수님은 의도적으로 사람들을 피하셨습니다. 그리고 홀로 계셨습니다. 혼자서 예수님은 무엇을 하셨습니까? 아버지와 대화하셨습니다. 홀로 있는 한적한 시간마다 아버지를 부르십니다. 우리는 이런 시간을 '경건의 시간',

‘묵상의 시간’이라고 부릅니다.

전 세계 기독교인 가운데 한국 교인들만이 개발한 독특한 기도가 있습니다. 통성기도입니다. 교인들이 모여 통성으로 기도하면 어떤 사람들은 “하나님이 귀가 먹으셨나? 왜 저렇게 큰 소리로 기도하느냐”고 반문하는 사람들도 있습니다.

그러나 하나님 앞에서 마음속에 있는 것들을 다 내려놓고 부르짖어 소리쳐 보십시오. 부르짖을 때 찾아와 응답하시는 하나님을 만나게 됩니다. 예레미야 33장 3절에 “너는 내게 부르짖으라 내가 네게 응답하겠고 네가 알지 못하는 크고 은밀한 일을 네게 보이리라”고 하셨습니다.

기도는 하나님과의 대화입니다. 부부간이나 부자간에도 대화 없이 지내면 외로움을 느끼게 됩니다. 사랑하는 관계일수록 대화가 많습니다. 하나님을 뜨겁게 사랑한다면 대화를 많이 합니다. 기도 시간이 많아지고 내용이 길어집니다. 기도는 영적인 호흡입니다.

실존주의 철학자 키에르케골은 “나는 죽지 않으려고 숨을 쉰다. 기도도 마찬가지다”라고 했습니다. 우리는 숨을 쉬면서 이산화탄소를 내 뽑고 산소를 들이마시는 것처럼 우리의 죄를 고백하여 버리고 하나님의 성령의 은혜와 말씀을 취합니다.

사람은 아무리 건강하고 튼튼한 사람이라도 숨을 쉬지 않으면 죽습니다. 영적인 호흡인 기도도 쉬면 하나님과의 관계에서 영적인 죽음이 찾아옵니다. 그래서 성경은 "쉬지 말고 기도하라 무시로 성령 안에서 기도하라"고 명령하고 있습니다.

기도는 하나님과의 대화입니다. 대화는 일방적이지 않고 말을 하기도 하고 듣기도 합니다. 주고받으면서 교제하는 것입니다. 우리는 기도를 통하여 하나님께 말씀드리고, 하나님은 말씀을 통하여 그리고 성령을 통하여 우리에게 말씀하십니다. 기도는 하나님과 연결되는 능력의 통로입니다. 하나님께서 우리를 위해 마련해 놓으신 무진장한 자원을 활용하는 방법이 기도입니다.

전능하신 하나님의 능력과 축복이 그냥 내게 올 수 있는 것이 아닙니다. 기도라는 파이프라인을 통해서 오는 것입니다. 큰 호수에 있는 물을 전답으로 끌어가기 위해서는 수로가 필요합니다. 전기는 전깃줄이 필요하고, 수돗물은 수도관이 필요하고 하나님의 능력은 기도라는 통로를 통해 우리 각자에게도 오는 것입니다.

그러므로 신앙인이면 반드시 기도해야 합니다. 예수님도 기도하셨고 기도의 모범을 보이셨습니다. 기도하시고 고독을 이기고 사시길 축원합니다.

3. 아버지께서 내게 하라고 주신 일을 내가 이루어

17장 4절을 보면 "아버지께서 내게 하라고 주신 일을 내가 이루어 아버지를 이 세상에서 영화롭게 하였사오니"라고 하였습니다.

예수님은 무엇을 해야 할 것인가를 아셨습니다. 그것은 십자가를 지는 일이고, 구속의 제물이 되는 것임을 알았기에 십자가에서 대속의 죽음을 당하셨습니다. 이것은 하나님께서 예수님께 맡기신 사명입니다.

신앙인들은 가정과 직장과 교회에서 할 일이 많습니다. 많은 일 가운데 가장 관심을 가지고 열심히 해야 할 일은 사명입니다. 다른 것은 못 해도 상관없습니다. 그러나 사명은 반드시 감당해야 합니다. 사명은 하나님께서 내게 심부름시킨 것입니다.

베드로에게는 유대인들에게 복음을 전하는 사명을 주셨고, 바울에게는 이방인에게 복음 전하는 사명을 주셨습니다. 요나에게는 니느웨에서 전도하라는 사명을 주셨습니다. 다른 것은 부족해도 상관없습니다. 그러나 사명에는 충성해야 하고 사명은 완수해야 합니다.

조지 윌리엄스(George Williams)는 한 농가의 8형제 가운데 막내로 태어났습니다. 이 가정은 농사를 중요시하는 정통이 있었습니다. 그러나 조지 윌리엄스는 농사에는 소질이 없었습니다. 그래서 막내아들에게 무엇을 시켜야 할지가 이 가정의 논란거

리셨습니다.

그러던 어느 날, 조지 윌리엄스는 마차에 건초를 싣고 집으로 돌아오다가 도랑으로 굴러떨어지는 사고를 내고 말았습니다. 이때 그의 부모는 그에게 농사에는 자질이 없는 것으로 결론을 내리고 그를 양복점에 취직시켰습니다.

하나님의 위대한 계획은 그때부터 시작되었습니다. 그는 양복점에서 일을 하다가 하나님을 만나게 되었고 그 이후 성령의 열정이 가득하게 되었습니다. 결국 그는 런던으로 가서 역사에 우뚝 선 위대한 전도자가 되었습니다.

여러분, 이 소년을 높은 생각과 뜻을 가지고 인도하신 분은 누구셨습니까? 그의 부모와 형제였습니까? 아닙니다. 그의 가정에서는 농부를 시키려고 했습니다. 그러다가 양복점의 점원으로 취직시켰습니다. 그러나 그를 위해 최선의 생각과 계획을 가지고 계셨던 하나님께서는 그를 신실하게 인도하시어 영국의 유명한 전도자로 세워 주셨습니다.

예수님은 하나님께서 함께하심을 빌었고, 하늘을 우러러 기도하셨고, 아버지께서 하라고 주신 일을 이루므로, 사명을 감당하므로 고독을 극복하셨습니다. 고독을 극복하며 사는 성도가 되시길 축원합니다.

37

두려움

"그러므로 내가 나의 안수함으로 네 속에 있는 하나님의 은사를 다시 불일듯 하게 하기 위하여 너로 생각하게 하노니 하나님이 우리에게 주신 것은 두려워하는 마음이 아니요 오직 능력과 사랑과 절제하는 마음이니 그러므로 너는 내가 우리 주를 증언함과 또는 주를 위하여 갇힌 자 된 나를 부끄러워하지 말고 오직 하나님의 능력을 따라 복음과 함께 고난을 받으라 하나님이 우리를 구원하사 거룩하신 소명으로 부르심은 우리의 행위대로 하심이 아니요 오직 자기의 뜻과 영원 전부터 그리스도 예수 안에서 우리에게 주신 은혜대로 하심이라"(딤후 1:6~9).

어떤 농부가 마차를 몰고 가는데 얼굴을 천으로 가린 노파가 태워 달라고 했습니다. 목적지가 같아서 태워 가는데 농부 생각에 어쩐지 그녀가 사람이 아닌 것 같았습니다. 오싹한 생각이 들어서 조심스럽게 물었습니다.

“실례지만 당신은 누구십니까?”

“나는 페스트입니다.”

“그렇다면 여기서 내리세요. 당신이 가면 그 마을에는 온통 죽음이 가득하게 될 것입니다.”

그러자 노파는 머리를 조아리며 “좀 태워 주세요. 대신 그 마을에서는 5명에게만 병을 옮기겠습니다”라고 하였습니다. 농부는 할 수 없이 노파와 약속을 하고 마차를 계속 몰았습니다. 그러는 사이 마차는 마을에 도착을 했는데 벌써 사람들이 죽어서 길에 쓰러져 있었습니다.

농부는 화를 내면서 노파에게 따졌습니다. “당신은 다섯 명에게만 병을 옮긴다고 약속을 해 놓고 이게 뭡니까?” 그러자 노파는 손을 내저으며 대답했습니다. “이 사람들은 내가 죽인 게 아니고 내가 온다는 소문만 듣고 놀라 스스로 죽은 것입니다. 나는 여기에 지금 도착하지 않았습니까?”

두려움이 주는 피해는 두려움을 일으키는 사실 자체가 주는 피해보다 훨씬 큰 것입니다. 그러므로 어떤 고통이나 위험이라도 두려워하지 않는 자에게는 별로 해를 끼칠 수 없습니다. 그러나 쉽게 두려워하고 근심하는 사람에게는 사소한 것이라도 치명적인 해를 입힐 수 있습니다. 그러므로 두려워하지 말고 두려움을 극복하고 사는 지혜가 있어야 합니다.

세상에는 628가지의 공포증 즉 두려움이 있다고 합니다. 폐소 공포증, 광장 공포증, 독거 공포증, 도로 횡단 공포증, 언어 공포증 심지어는 만사 공포증과 공포 공포증이라는 것도 있습니다. 세상만사가 모조리 두려운 것이 만사 공포증입니다. 공포라는 소리만 들어도 소름이 쫙 끼치는 증세가 '공포 공포증'인 것입니다.

어떤 심리학자는 세상에서 두려움으로부터 자유로운 사람은 오직 두 부류밖에 없다고 했습니다. 죽은 사람과 정신 이상자들입니다. 그러므로 살아 있고, 제정신인 사람은 반드시 두려움을 느끼게 되어 있다는 것입니다.

두려움이 다 나쁜 것은 아닙니다. 올바른 두려움은 믿음을 성장시키고, 용기를 북돋워 주며 새롭게 도전할 수 있는 기회와 믿음을 줍니다. 반대로 잘못된 두려움도 있습니다. 잘못된 두려움에 사로잡히면 감정이 뒤흔들립니다. 비겁해집니다. 분노를 아무 데서나 쏟아 놓게 됩니다.

화가 많고 분이 많고 짜증이 많은 사람은 선천적인 것이 아니라 두려움이 많은 것입니다. 분노가 많은 사람 속에는 두려움이 있습니다. 성도 여러분, 올바른 두려움은 많이 가지시고 잘못된 두려움은 갖지 않는 여러분 되시길 축원합니다.

앨런 다운스(Alan Downs)라는 심리학 교수는 자신의 책 "리더에 두려움을 극복하라"에서 "성공의 핵심을 두려움에서 해방

   회복은 생명입니다(下)

되는 것이다"라고 기록하고 있습니다. 경제학자 존 칼 크레이드는 지금 시대는 불확실하다고 하면서 예측하기 어렵다고 했습니다. 그래서 불확실 시대이고 그만큼 두려움이 많다고 했습니다.

1. 오직 능력

7절을 보면 "하나님이 우리에게 주신 것은 두려워하는 마음이 아니요 오직 능력과 사랑과 절제하는 마음이니"라고 하였습니다.

하나님께서 우리에게 주신 것은 두려워하는 마음이 아니요 오직 능력입니다. 능력으로 두려움을 이길 수 있습니다. 능력은 힘입니다. 영적인 파워입니다. 로마제국의 박해는 믿음으로 살아가는 그리스도인들을 의기소침하게 만들었습니다. 현실을 따를 수밖에 없도록 강요함으로 비겁함과 수치심을 갖게 했습니다. 이럴 때 내적으로 강해지지 않으면 고난과 시험 앞에 넘어질 수밖에 없습니다.

그래서 바울은 감옥에서 에베소교회 성도들을 위해 기도할 때 먼저 속 사람이 강건해지기를 기도했습니다. 두려움을 이기는 힘은 하나님과의 관계가 회복되어 성령의 능력으로 충만하게 채워질 때 생깁니다. 이 능력은 dynamite의 어원입니다. 폭발적인 힘, 신앙이 주는 믿음의 능력을 의미합니다.

예수님은 제자들에게 "오직 성령이 너희에게 임하시면 너희가 권능을 받고 예루살렘과 온 유대와 사마리아와 땅끝까지 이르러 내 증인이 되리라 하시니라"(행 1:8)고 하셨습니다. 하나님께서 주시는 능력, 다시 말씀드리면 성령의 능력이 우리 속에 임하면 어떤 염려나 두려움도 이길 수 있습니다. 성령의 능력을 받으면 담대하게 됩니다. 두려울 것이 없습니다.

IS(이슬람 무장단체)를 두려워하는 이유는 자살 폭탄 때문입니다. 이들은 다이너마이트를 품고 군중 속이나, 건물 속에 뛰어들어서 터트립니다. 그러나 성령의 다이너마이트는 폭탄 조끼와 비교할 수 없습니다.

제자들을 보면 예수님께서 십자가에 못 박혀 돌아가시자 겁이 나서 한곳에 모여 문을 걸어 잠그고 숨어 있었습니다. 두려워 떨고 있었습니다. 이런 제자들이 오순절에 성령을 충만히 받자, 베드로는 유대인들의 죄를 지적하며 담대히 설교했습니다. 그 결과 하루에 삼천 명, 오천 명씩 회개하고 돌아오는 역사가 일어났습니다.

세상에는 지식의 힘, 경제의 힘, 무기의 힘 등 많은 힘이 있지만, 가장 강력한 힘은 성령의 능력입니다. 성령의 능력으로 두려움을 이깁니다.

미국의 복음 전도자 무디(Moody)는 설교에 능력이 없다는 말에 자극을 받고 능력 있는 설교자가 되기 위해 기도하기 시작했습니다. "하나님 저에게 성령을 주옵소서. 불을 주옵소서"라고 기도했습니다.

오랫동안 기도하는 가운데 하루는 뉴욕 거리를 지나가는데 갑자기 기도하고 싶어서 부랴부랴 친구 집에 들어가 방을 빌려서 엎드려 기도하는데 기도가 잘 되더니 마침내 강한 불이 임하는데 얼마나 뜨겁고 강한 능력이 나오는지 이젠 너무 뜨거워서 죽을 것만 같아서 "주여, 그만 주옵소서. 그만 ...."라고 할 정도로 성령의 불을 받았다고 합니다.

성령의 능력을 받으면 누구든지 두려움을 이길 수 있습니다. 성령의 능력으로 충만한 성도들 되시길 축원합니다.

2. 사랑입니다

요한일서 4장 18절을 보면 "사랑 안에 두려움이 없고 온전한 사랑이 두려움을 내쫓나니 두려움에는 형벌이 있음이라 두려워하는 자는 사랑 안에서 온전히 이루지 못하였느니라"고 하였습니다.

사랑에는 두려움이 없습니다. 사랑이 두려움을 내쫓습니다. 부모는 자식을 위한 어떤 아픔과 희생도 결코 두려워하지 않습니다. 그 이유는 자식에 대한 사랑이 부모님 마음에 가득 채워져 있기 때문입니다. 연인들은 어떤 고난과 모진 운명에 대해서도 절대로 두려워하지 않습니다. 그 이유가 무엇일까요? 서로 사랑하기 때문입니다.

초대교회의 순교자들을 보십시오. 그 잔혹한 네로의 박해 앞에서도 두려워하지 않았고 오히려 천사 같은 얼굴로 감사하며 죽어갔습니다. 이것이 가능했던 이유는 주님에 대한 사랑이 가득했기 때문입니다. 주님에 대한 뜨거운 사랑이 우리 안에 있는 두려움을 몰아냅니다. 만약 우리 안에 두려움이 있다면 사랑이 부족하기 때문입니다. 초등학교 5학년인 일본의 어린이가 쓴 글입니다.

"1945년 8월 히로시마에서 있었던 일이다. 어머니가 농사일로 밭에 나가 어느 날 '꽝'하는 소리가 나더니 갑자기 순식간에 집이 무너지고 온 시가지는 불바다가 되었다. 원자폭탄이 떨어진 것이다. 동생은 무너진 집 더미 밑에서 깔려 죽는다고 소리쳤다. 동생을 구조해 줄 사람을 찾았으나 옆집 사람들도 다 죽었거나 일을 나가고 없었다. 얼마 후 살아남은 이웃 할아버지를 만나 동생을 살려 달라고 했으나 노인의 힘으로는 무너진 큰 기둥을 도저히 움직일 수 없었다. 기둥 위에 지붕과 벽이 부서져 누르고 있었기 때문이다. 얼마 후 소방차가 왔으나 시내가 온통 불바다라 바빠서 도와 줄 수 없다고 했다. 그때 머리카

락은 다 타 없어지고 얼굴과 옷과 피부가 시커멓게 그을린 엄마가 밭에서 달려 오더니 남자들도 들지 못한 큰 기둥을 들고 동생을 구출했다. 그리고 그날 밤 어머니는 너무나 화상을 심하게 입어 돌아가셨다.”

죽을 만큼 중상을 당한 소년의 어머니가 어떻게 그 무거운 기둥을 들 수 있었을까요?

그것은 사랑의 힘입니다. 프랑스의 위대한 작가 빅토르 위고는 “여자는 약하나 어머니는 강하다”라고 했습니다. 어머니가 강한 이유는 무엇일까요? 사랑 때문입니다. 자식을 위해서는 어떤 희생도 두려워하지 않습니다. 이것이 어머니를 강하게 만드는 것입니다.

부활하신 예수님이 베드로를 찾아가서 “네가 나를 사랑하느냐?”라고 세 번이나 물으셨습니다. 사랑한다고 고백하자 예수님께서 베드로에게 “네가 젊어서는 스스로 띠 띠고 원하는 곳으로 다녔거니와 늙어서는 네 팔을 벌리리니 남이 네게 띠 띠우고 원하지 아니하는 곳으로 데려가리라”(요 21:18)고 말씀하셨습니다.

이 말씀은 베드로가 어떤 죽음으로 하나님께 영광을 돌릴지 말씀하신 것으로 베드로는 말씀대로 예수님을 사랑했기 때문에 죽음을 두려워하지 않고 복음을 전하다가 순교했습니다. 벵

겔(Bengel)이라는 유명한 주석가는 사랑에 대해서 4가지로 설명을 합니다.

① 사랑도 두려움도 없다면 무지함이요
② 사랑 없이 두려움만 있다면 율법이요
③ 사랑도 두려움도 다 있다면 갈등이요
④ 두려움이 없는 사랑 그것이 예수 그리스도 안에 있는 참 사랑이다.

디모데는 사역을 하다가 몸과 마음이 편치 않았습니다. 사람 때문에 지친 디모데에게 부족한 것은 하나님 주신 사랑입니다. 사랑하지 못하면 마음이 지배하고, 두려움에 묶여 활동을 못하게 합니다. 죽어 가는 영혼을 사랑할 때 두려워할 시간이 없습니다. 복음을 전할 때 두려움도 문제가 되지 않습니다. 사랑이 두려움을 이기기 때문입니다. 사랑으로 두려움을 이기고 사시길 축원합니다.

3. 절제하는 마음입니다

미래가 두려운 이유는 절제하는 마음을 상실했기 때문입니다. 절제란 자신이 감당할 수 있을 만큼 사는 마음의 상태입니다. 내 마음이 풀려있거나 졸고 있다면 매사가 두려울 뿐입니다. 우리는 깨어 있어야 합니다.

베드로전서 5장 8절을 보면 "근신하라 깨어라 너희 대적 마귀가 우는 사자 같이 두루 다니며 삼킬 자를 찾나니"라고 했습니다. 군인이 졸고 있다면 백전백패입니다. 그러나 깨어 있다면 패하지 않습니다.

영적인 군사인 신앙인들도 깨어 있으면 패하지 않습니다. 깨어서 마귀를 대적하는 것이 승리의 비결입니다. 절제란 근신, 자기훈련, 자제력을 소유하는 마음을 말합니다. 사람이 자제력을 잃어버릴 때 통제가 되지 않음으로 해서는 안 될 것을 하고 그 벌어진 일 때문에 두려워합니다.

아담과 하와도 하나님의 명령을 지키겠다는 자제력을 상실하고 선악과를 범하는 죄를 지은 결과 두려워서 하나님의 낯을 피하여 동산 나무 사이에 숨게 되었습니다.

절제할 줄 아는 사람이 지혜로운 사람입니다. 절제란 욕망을 다스리는 자제력을 의미합니다. 절제란 초점을 맞추는 능력입니다. 아리스토텔레스는 "지나치게 많은 것은 부족한 만큼이나 나쁘다"라고 했고, 사무엘 웰스는 "지나친 자신감은 경솔함을 낳고, 부족한 자신감은 두려움을 낳는다. 용기는 두려움과 경솔한 사이의 올바른 균형을 말한다"라고 가르쳐 줍니다.

절제하기 위해서는 자제력을 키워야 합니다. 어느 정도 선에서 멈출 줄 아는 것이 절제입니다. 베드로전서 3장 9절에는 "욕을 욕으로 갚지 말고 복을 빌어 주는 것이 절제의 덕이라"고 했습니다.

미국의 크리스천들은 편지 마지막에 "On the Victory side"라는 표현을 사용합니다. "승리 편에 서 있는"이라는 뜻입니다. 이 말을 처음 사용한 사람은 청교도 크롬웰 장군입니다. 크롬웰 장군은 전쟁이 벌어졌을 때 상황이 불확실함에도 불구하고 승리를 확신했습니다. 그래서 편지 마지막에는 항상 "승리편에 서 있는 올리버 크롬웰"이라고 썼습니다.

모든 공문서와 개인 편지에도 이렇게 썼습니다. 크롬웰 장군에게 내려오는 공문을 읽을 때마다 참모들과 스텝들은 그가 승리를 확신하고 있음을 느꼈습니다. 그러자 승리에 대한 확신이 부대에 확산되기 시작했습니다.

그래서 그들은 전쟁에서 기필코 승리할 것이라는 확신을 가지게 되었습니다. 놀라운 것은 그들이 승리의 확신을 가진 후부터 전세는 바뀌게 되었고, 결국 승리를 거두었습니다. 크롬웰과 부하들은 자신을 다스리는 절제의 마음으로 패배에 대한 두려움을 물리치게 되었다고 합니다.

능력과 사랑과 절제하는 마음이 두려움을 몰아내고 승리하게 합니다. 두려움을 극복하고 사는 성도가 되시길 축원합니다.

38

감동

"어떤 백부장의 사랑하는 종이 병들어 죽게 되었더니 예수의 소문을 듣고 유대인의 장로 몇 사람을 예수께 보내어 오셔서 그 종을 구해 주시기를 청한지라 이에 그들이 예수께 나아와 간절히 구하여 이르되 이 일을 하시는 것이 이 사람에게는 합당하니이다 그가 우리 민족을 사랑하고 또한 우리를 위하여 회당을 지었나이다 하니 예수께서 함께 가실새 이에 그 집이 멀지 아니하여 백부장이 벗들을 보내어 이르되 주여 수고하시지 마옵소서 내 집에 들어오심을 나는 감당하지 못하겠나이다 그러므로 내가 주께 나아가기도 감당하지 못할 줄을 알았나이다 말씀만 하사 내 하인을 낫게 하소서 나도 남의 수하에 든 사람이요 내 아래에도 병사가 있으니 이더러 가라 하면 가고 저더러 오라 하면 오고 내 종더러 이것을 하라 하면 하나이다 예수께서 들으시고 그를 놀랍게 여겨 돌이키사 따르는 무리에게 이르시되 내가 너희에게 이르노니 이스라엘 중에서도 이만한 믿음은 만나보지 못하였노라 하시더라 보내었던 사람들이 집으로 돌아가 보매 종이 이미 나아 있었더라"(눅 7:2~10).

"죽음의 수용소"라는 책으로 유명한 세계적인 정신의학자 빅터 프랭클은 세계 2차대전 때 유대인이었기 때문에 나치 수용소에 갇히게 되었습니다. 이곳은 가스실에 밀려들어 가지 않아도 두 달 밖에 살 수 없는 곳입니다. 그야말로 생지옥 같은 수용소에서 프랭클은 2년 7개월 동안 건강하게 살아남았습니다.

생존비결은 무엇이었을까요? 프랭클은 생지옥 같은 수용소에서도 감동을 잃지 않았다고 합니다. 아침에 눈을 뜨면 자기가 살아 있다는 것을 실감하고 무한히 감동하고 감사했다고 합니다. 질식할 것은 같은 방에서도 바람이 불어오면 시원하다고 감동했습니다. 죽은 동료들의 시체를 묻다가도 서쪽 하늘이 붉게 물든 것을 보면 "아! 너무 아름다운 하늘이다"라고 감탄했습니다.

길에서 주운 예쁜 돌에도 감동하고, 예쁜 돌을 닦아 아픈 동료에게 건네주었습니다. 불평하려고 하면 끝이 없고, 원망하려고 하면 모든 것이 원망인 생지옥 같은 수용소입니다. 그러나 마음에 감동과 풍요함을 잃지 않고 웃고 감사하면서 동료들과 함께 살았던 것이 생존의 원동력이었다고 합니다.

예수님은 당시 시대를 가리켜 감동이 없는 시대라고 하셨습니다(마 11:7). "피리를 불어도 너희가 춤추지 않고 우리가 슬피 울어도 너희가 가슴을 치지 아니하였다 함과 같도다."

이것은 예수님의 시대만 그럴까요? 우리들이 사는 현대에도

　　　　　　　　　　회복은 생명입니다(下)

물질적인 풍요는 누리지만 감동은 잃어버린 시대입니다. 모두 자기 일에 집착하여 이웃에 대해서는 별 관심이 없는 시대입니다. 과거보다 살기는 좋아졌고 편해졌는데 힘들고 어렵다고 불평하는 시대입니다.

사실은 세상이 힘들어진 것이 아니라 마음이 닫힌 것입니다. 그러므로 우리는 마음의 감동을 회복해야 합니다. 그래서 다른 사람들은 감동시키며 살아야 합니다.

미국 카네기 공대 졸업생 가운데 성공했다는 사람들을 추적 조사했습니다. 성공하는 데 필요한 것이 무엇이냐는 질문에 이구동성으로 "성공하는 데 전문적인 지식이나 기술은 15%밖에 영향을 주지 못했고, 나머지 85%는 감동을 통한 좋은 인간관계입니다"라고 대답했다는 것입니다.

감동은 은총이고 축복입니다. 우리 마음에 감동이 있고, 말씀에 깨달음이 있고, 말씀을 들을 때 눈물이 나고 가슴이 벅차다면 이것은 은혜입니다. 감동이 없는 시대를 살면서 성령께서 우리의 심령 가운데 오셔서 만져주시고 자극을 주시고 격려해 주시면 우리의 마음이 움직입니다. 마음이 열립니다.

하나님께서 가장 기뻐하시는 것은 하나님께로 감동적인 마음을 가지고 돌아오는 그것을 회복하는 일입니다. 거북이가 움츠리면 강압적인 방법으로 거북이의 목을 밖으로 끌어낼 수 없습니다. 그러나 거북이를 불 가까이 놓으면, 온몸에 따뜻함을 느끼면 거북이는 스스로 머리를 내놓습니다. 강함이 아니고, 부드러움이, 차가움이 아니고 따뜻함이 거북이를 움직이게 하는 것입니다.

하나님과의 관계에서나 사람들과의 관계에서도 감동 있는 삶을 사는 성도들이 되시길 축원합니다.

누가복음 7장을 보면 예수님을 감동시킨 백부장과 나인성 과부와 죄를 지은 한 여자가 나오는데 이들에게서 예수님을 감동시킨 비결을 배우셔서 예수님과 사람들을 감동시키고 사는 여러분이 되시기를 축원합니다.

1. 이만한 믿음을 만나보지 못하였노라

9절을 보면 "예수께서 들으시고 그를 놀랍게 여겨 돌이키사 따르는 무리에게 이르시되 내가 너희에게 이르노니 이스라엘 중에서도 이만한 믿음은 만나보지 못하였노라 하시더라"고 하였습니다.

예수님께서 변화 산에 올라가셔서 기도하시다 몸은 신령하게 변화되셨고, 옷은 광채가 났습니다. 그리고 모세와 엘리야가 나타나 예수님과 대화를 나누셨습니다. 이때 산 아래는 어느 아버지가 귀먹고 벙어리 귀신 들린 아들을 데리고 와서 제자들에게 고쳐 달라고 했지만 고치지 못했습니다. 산에서 내려

　회복은 생명입니다(下)

오신 예수님은 이렇게 말씀하셨습니다.

"믿음이 없는 세대여 내가 얼마나 너희와 함께 있으며 얼마나 너희에게 참으리요."

예수님은 그 자리에 있던 아이의 아버지와 서기관들을 중심으로 한 당시 유대 전 사회를 가리켜 "믿음이 없는 세대여"라고 하셨습니다. 당시 유대인들은 대부분이 그리스도를 믿지 않았습니다. 그래서 예수님은 믿음이 없는 세대라고 하신 것입니다.

본문에 나오는 백부장은 이방인입니다. 로마 군인입니다. 유대 나라를 점령하고 있는 점령군의 장교입니다. 이런 사람이 유대인들을 위해 회당을 지어 주었습니다. 이 백부장의 하인이 병이 들었습니다. 그렇다면 상부에 보고하여 얼마든지 다른 종을 구할 수 있습니다. 그럼에도 백부장은 예수님을 찾아왔습니다. 이것은 믿음 있는 신앙인의 모습입니다.

예수 믿는 사람이라면 언제나 예수님을 찾아야 합니다. 즐거울 때도 예수님 찾고, 행복할 때도 예수님 찾고, 절망적인 때도 예수님 찾고, 어떤 경우에도 예수님을 찾는 것이 신앙인의 자세입니다.

예수님을 찾아온 백부장에게 예수님은 "이스라엘 중에서도 이만한 믿음을 만나보지 못하였노라"(눅 7:9)고 하셨습니다. 믿음 좋다고 백부장을 칭찬했습니다. 예수 믿는 우리에게 가장 중요한 것은 믿음입니다. 예수님은 우리의 믿음을 보십니다.

혈루증으로 12년 동안 고생하던 여인은 인간의 능력으로는 치료가 불가능했습니다. 누가복음을 보면 많은 의사와 여러 약을 사용해 보았지만 고치지 못했습니다. 어느 날 예수님이 이 지방을 지나가신다는 소식을 듣고 이 여인도 예수의 뒤를 따라갔습니다. 이 여인은 "내가 내 손으로 예수님의 옷자락만 만져도 낫겠다"라는 믿음이 생겼습니다.

그래서 믿음으로 주님의 겉옷을 만졌습니다. 예수께서는 이 여인의 믿음을 보시고 "딸아 네 믿음이 너를 구원하였다"라고 하시니 그 즉시 혈우의 근원이 말랐습니다. 성경에 이 여인의 믿음을 예수님이 칭찬하셨다는 직접적인 내용은 없지만 이 여인도 믿음으로 병 고침을 받았습니다.

스펄전 목사님은 "믿음은 삼손의 머리카락과 같다"라고 했습니다. 삼손은 머리카락이 잘리면서 능력이 없어졌습니다. 그 결과 포로로 잡혀갔습니다. 두 눈을 뽑히는 끔찍한 일을 당하고 비참한 생활을 하게 되었습니다. 이처럼 믿음이 없어지면 없어질수록 점점 약해지고, 있는 것도 빼앗깁니다. 그 결과 죄악의 포로, 저주의 노예밖에는 될 것이 없습니다.

성도 여러분, 여러분의 믿음의 상태는 어떠합니까? 큰 믿음이라면 스스로 하나님의 은혜에 감동하고, 하나님을 감동시킬

회복은 생명입니다(下)

수 있습니다. 백부장처럼 칭찬받는 신앙생활하는 성도들이 되시길 축원합니다.

2. 불쌍히 여기사 울지 말라 하시고

13절을 보면 "주께서 과부를 보시고 불쌍히 여기사 울지 말라 하시고"라고 하였습니다. 남편 없이 외동아들 하나 의지하며 살았는데 그 아들이 죽었습니다. 그러니 얼마나 슬프고 하늘이 무너지는 느낌이었을 것입니다.

그래서 통곡하는 과부를 보시고 관에 손을 대시고 죽은 시신을 향해 일어나라고 하시자 죽어서 관에 있던 사람이 살아났습니다. 죽은 아들이 살아난 비결은 청년의 어머니의 통곡입니다. 통곡만 한 것이 아니고 기도했다는 것입니다.

기도도 여러 방법이 있습니다. 조용히 묵상해 기도할 수도 있고, 소리 내어 큰 소리로 기도할 수도 있고, 나인성 과부처럼 눈물로 통곡하며 기도할 수도 있습니다. 예수님은 과부의 통곡의 기도에 감동을 받으셔서 죽은 아들을 살려 주신 것입니다.

인생을 움직이는 다섯 가지 힘이 있습니다. 죽음과 사랑과 눈물과 기도의 힘입니다. 그리고 예수님의 힘입니다. 무엇보다 눈물의 기도는 주님을 감동 시킵니다.

나사로의 무덤 앞에서 우셨던 예수님, 예루살렘 성을 보고도

우셨던 예수님, 겟세마네 동산에서는 눈물로 기도하셨던 예수님은 눈물로 기도하는 사람들을 보면 감동하십니다.

예수님은 요람에서 무덤까지 기도하셨습니다. 세례받은 후에도 기도하셨고, 광야에서도 기도하셨고, 오병이어의 기적의 현장에서도 기도하셨습니다. 죽은 나사로를 살릴 때도 기도하셨고, 십자가에서도 기도하셨습니다. 기도의 능력은 신약시대도 끝난 것이 아닙니다. 지금도, 앞으로도, 영원히 유효합니다.

열왕기하 19장을 보면 앗수르의 산헤립 왕이 군대 장관 랍사게를 보내어 유다를 함락하려고 할 때 히스기야 왕은 도저히 군사력으로는 저들을 당할 수가 없다고 판단했습니다. 그래서 굵은 베옷을 입고 성전으로 들어가 기도했습니다. 그리고 신하들을 선지자 이사야에게 보내어 이 나라를 위해서 기도해 달라고 부탁했습니다.

부탁받은 이사야 선지자는 하나님께 기도하여 하나님께 응답을 받았습니다. 그래서 신복들에게 왕께 전할 말씀을 들려주었습니다. 결국 밤에 여호와의 사자가 나와서 앗수르 진영에서 군사 185,000명을 치셨습니다. 아침에 일어나 보니 다 송장이 되었습니다.

히스기야는 자신이 병들어 죽게 되었을 때도 기도했습니다. 사람들이 불치병에 걸리게 되면 의사가 마지막 처방을 내립니다. 당신의 병은 고칠 수 없으니, 앞으로 많이 살아야 6개월 아니면 3개월입니다. 집에 가셔서 먹고 싶은 것 먹고, 잘 있으라고 합니다. 그러면 환자들은 대게 세 가지 반응을 보입니다.

첫째, 의사의 말을 못 믿고 오진이라고 하면서 다른 병원 가서 다시 진찰을 받습니다. 둘째, '왜 나한테 이런 병이 왔느냐? 내가 무슨 악한 일을 했느냐?'라고 자학하는 사람이 있습니다.

셋째, 자기를 정리하는 사람입니다.

그러나 히스기야는 낯을 벽으로 향하고 울며 하나님께 기도했습니다. 눈물의 기도로 하나님도, 예수님도 감동을 받으시고 응답하십니다. 눈물의 기도로 하나님과 예수님을 감동시키는 성도가 되시길 축원합니다.

3. 입맞추고 향유를 부으니

38절을 보면 "예수의 뒤로 그 발 곁에 서서 울며 눈물로 그 발을 적시고 자기 머리털로 닦고 그 발에 입 맞추고 향유를 부으니"라고 하였습니다.

바리새인은 예수님을 자기 집에 초대하여 식사는 대접했지만, 결례를 범했습니다. 어떻게 이것을 알았는지 죄를 지은 한 여자는 향유를 담은 옥합을 가지고 와서 눈물로 예수님의 발을 적시고 자기 머리털로 닦고 그 발에 입 맞추고 향유를 부었습니다.

어떤 성경에는 향유의 가격을 밝히고 있습니다. 300데나리 온이라고 했습니다. 장정 하루 품삯이 한 데나리온이니까 삼백 데나리온이면 엄청난 돈입니다. 이 여인의 전부와 같습니다. 그 야말로 이 여인은 자신의 정성을 주님께 드렸습니다.

"역린"이라는 영화가 있습니다. 정조는 대신들에게 책을 보지 않고 중용 23장을 외워 보라고 합니다. 아무도 외우는 사람이 없자 내시인 상책에게 외우라고 했습니다. 상책은 다음과 같이 중용 23장을 말합니다.

"작은 일에 최선을 다하면 정성스럽게 된다. 정성스럽게 되면 겉으로 배어 나오고, 겉으로 드러나면 이내 밝아지고, 밝아지면 남을 감동시키고, 남을 감동시키면 이내 변화되고, 변하면 생육한다. 그러나 오직 세상에서 지극히 정성을 다하는 사람만이 나와 세상을 변화하게 할 수 있다."

영화의 한 장면이라지만 이 장면을 보는 순간 소름이 돋는 느낌으로 오감을 집중시킵니다. 정성이 신앙은 아니지만 진실된 신앙이라면 정성은 포함될 수밖에 없습니다. 교회를 대하거나 주의 종들을 대하거나 봉사를 하거나 헌금을 드릴 때도 정성을 쏟을 수밖에 없습니다.

정성이 없는 신앙은 신앙이 아닙니다. 죄인인 여인은 마음과

                                    회복은 생명입니다(下)

뜻과 정성을 다했습니다. 이것이 아니면 옥합을 깨뜨려 향유를 붓는 것은 불가능합니다. 정성이 있느냐 없느냐를 보면 믿음이 나타납니다. 큰 것뿐 아니라 지극히 작은 일에도 정성을 다해야 합니다. 김밥 하나를 만들어도 최선을 다해야 합니다. 정성스럽게 만들면 고객들을 감동시킵니다.

하나님도 성도들의 정성에 감동하십니다. 예수님은 백부장의 믿음과 과부의 눈물의 기도와 죄인인 여인의 정성에 감동받으셨습니다. 성도 여러분, 하나님과 사람들을 감동시키는 성도가 되시길 축원합니다.

39

인내

　"그러므로 형제들아 주께서 강림하시기까지 길이 참으라 보라 농부가 땅에서 나는 귀한 열매를 바라고 길이 참아 이른 비와 늦은 비를 기다리나니 너희도 길이 참고 마음을 굳건하게 하라 주의 강림이 가까우니라 형제들아 서로 원망하지 말라 그리하여야 심판을 면하리라 보라 심판주가 문 밖에 서 계시니라 형제들아 주의 이름으로 말한 선지자들을 고난과 오래 참음의 본으로 삼으라 보라 인내하는 자를 우리가 복되다 하나니 너희가 욥의 인내를 들었고 주께서 주신 결말을 보았거니와 주는 가장 자비하시고 긍휼히 여기시는 이시니라"(약 5:7~11).

　왕년의 올림픽 챔피언 찰리 패독이라는 육상선수가 학교에 가서 강연을 했습니다. 강연 중에 한 학생에게 "너는 어떤 사람이 되기를 원하니?"라고 물었습니다. 질문을 받은 제시 오웬즈라는 학생은 "아저씨와 같은 유명한 육상선수가 될래요"라고 대답했습니다. 그러자 패독은 제시에게 다음과 같이 말했습니다.

"꿈을 가지는 것만으로는 꿈을 이룰 수가 없단다. 꿈을 이루기 위해서는 사다리를 놓아야 한단다. 첫 번째 계단은 인내이고, 두 번째 계단은 열정이고, 세 번째 계단은 훈련이고, 네 번째 계단은 기도란다. 이것들을 지키면 네 꿈은 이루어질 것이다."

패독의 말을 들은 제시는 결코 포기하지 않고 인내의 계단을 시작으로 꿈의 사다리를 올라갔고 결국 그는 올림픽에서 네 개의 금메달을 목에 거는 선수가 되었다는 것입니다.

성공하는 사람들을 보면 남다른 재주나 특별한 능력이 있어서라기보다 보통 사람들에게서 찾아볼 수 없는 뛰어난 인내력이 있어서 성공하였음을 알 수 있습니다. 그래서 성공한 사람 중에는 인내를 통해서 성공한 사람이 많습니다.

독일의 시인이면서 소설가인 괴테라는 유명한 사람이 있습니다. 괴테의 "파우스트"라는 작품은 인류 역사 이래 최고의 작품이라고 인정받고 있습니다. 이 작품은 괴테가 23세에 쓰기 시작해서 82세까지, 무려 60년에 걸쳐 완성한 작품입니다. 이 작품을 완성하기까지 다양한 일을 했습니다. 법학자, 정치가, 사상가, 소설가, 시인, 화가, 연출가, 물리학자, 식물학자, 해

부학자.

그러나 막상 괴테가 훌륭한 작품을 쓸 수 있었던 요인은 다양한 직업을 가질 수 있었던 그의 천재성 때문이 아니라 '인내'때문이었다고 합니다. 괴테는 60년 동안 연구하고, 쓰고, 퇴고하기를 거듭하여 "파우스트"라는 작품을 완성했다는 것입니다.

대부분의 불행한 사건은 인내하지 못해서 일어난 사건이 많습니다. 말 한마디 참지 못해 가정이 파탄 나고, 직장 상사의 꾸지람을 참지 못하고 사표를 내고 실직하는 경우도 있습니다. 조금만 인내하면 되는데 급한 마음에 살기가 어렵다고 생명을 끊는 경우도 있습니다.

누구에게나 인내가 중요합니다. 인내가 행복과 불행을 결정합니다. 사랑의 시작과 끝은 참는 것입니다. 사랑의 기초와 본질도 인내입니다. 사랑은 행복의 조건이며 인내는 사랑을 실천하는데 본질적인 요소입니다. 인내가 없이는 사랑을 이룰 수가 없습니다. 인내는 성숙한 인격의 표시이며 성공과 실패를 가름합니다.

신대륙을 발견한 콜럼버스는 신대륙을 발견하자마자 후원자인 스페인 이사벨 여왕에게 편지를 보냈습니다. "마침내 신대륙을 발견했습니다. 수학도, 항해술도 정답이 아니었습니다. 정답은 믿음과 인내였습니다."

당시 항해도를 그리던 많은 학자가 콜럼버스가 개척하려는 신항로는 절대로 성공할 수 없다고 공언했습니다. 수학적으로 계산했을 때 항로가 너무 멀었고 당시 항해술로는 그 오랜 기간을 바다 위에서 버틸 수 없었기 때문입니다.

이런 분위기 때문에 이사벨 여왕도 후원을 약속하고도 6년이나 망설이다가 마지못해 콜럼버스를 지원했습니다. 학자들의 계산은 정확했습니다. 콜럼버스의 계산은 틀린 것이었지만 그곳에는 신대륙이 있었습니다. 신대륙을 발견하고 돌아온 콜럼버스는 만약 학자들의 계산을 따랐다면 항해의 1/3 시점에서 배를 돌려야 했고, 선원들의 말을 따랐다면 2/3를 항해했을 때 배를 돌려야 했기에 결코 신대륙을 발견하지 못했을 것이라고 말했습니다.

어떤 일에든지 성공하기 위해서는 반드시 인내가 필요합니다. 인내는 힘들지만, 그 뒤에는 반드시 열매가 있습니다. 그래서 본문 7절을 보면 이렇게 말씀합니다.

"주께서 강림하시기까지 길이 참으라."

그렇다면 어떻게 인내해야 될까요? 본문을 보면 세 가지 모델이 제시되어 있습니다.

1. 농부입니다

7절을 보면 "그러므로 형제들아 주께서 강림하시기까지 길이 참으라 보라 농부가 땅에서 나는 귀한 열매를 바라고 길이 참아 이른 비와 늦은 비를 기다리나니"라고 하였습니다.

먼저 우리는 농부에게서 인내를 배워야 합니다. 씨를 뿌려 놓고 싹이 나고, 줄기가 자라고, 꽃이 피고 열매가 달리면 그 열매가 익기까지 기다려야 합니다.

시금치 씨를 뿌려서 밥상까지 시금치를 올리기까지는 30번의 손길이 필요합니다. 볍씨를 심어서 거두기까지는 88번의 손길이 가야 한다고 합니다. 마늘은 심으면 6개월은 지나야 수확합니다. 인삼은 심고 수확하려면 삼계탕용은 3년근을 수확하고, 그 외에는 4~6년근을 수확하는데, 일반적으로 홍삼 원료의 경우 6년근을 수확합니다. 백삼 원료는 4~5년근을 수확합니다.

열매가 하룻밤 사이에 맺어지는 것이 아닙니다. 봄에 파종하고 무더운 여름 내내 땀을 흘리고, 애쓰고 노력해야 합니다. 그런데 농부가 아무리 노력해도 어떻게 할 수 없는 요소들이 있습니다. 날씨와 비와 햇빛, 이런 것들은 농부가 어떻게 할 수 없습니다. 농부는 씨를 뿌리고 싹이 나기를 기다립니다. 농부가 기다리는 동안 하나님은 무대 뒤에서 씨에서 싹이 나도록 일하십니다.

하나님은 정확한 시간에 적합한 방법으로 여러 가지 조건을 조정하셔서 마침내 추수하게 하십니다. 하나님은 우리에게 농부의 인내를 배우라고 하십니다. 어떤 목사님의 설교를 읽어 보면 이런 글이 있습니다.

"밀 2되를 심으면 67되를 거두고, 귀리 3되를 심으면 79되를 거두고, 옥수수 7.5되를 심으면 120되를 거둘 수 있다고 합니다. 또 감자 한 쪽을 심으면 60개의 감자를 얻을 수 있고, 벼 한 알을 심으면 140알 이상을 거둘 수 있다고 합니다. 그런데 중요한 것은 심고 나서 하루아침에 거둘 수 없다는 것입니다. 싹이 나고, 줄기가 자라고, 꽃이 피고 열매가 맺히고 그 열매가 익어야 합니다."

농부에 기다림을 배워야 합니다. 그렇다면 신앙생활 하면서 무엇을 인내해야 할까요?

환난과 시련 중에 참아야 합니다(약 5:10). 죄의 유혹을 참아야 합니다. 누구에게나 물질의 유혹이 있습니다. 이성의 유혹도 있습니다. 명예의 유혹도 있습니다.

가룟 유다와 아나니아와 삽비라 부부 같은 사람들은 유혹을 이기지 못하므로 비참한 죽음을 맞이했습니다. 성도 여러분, 농부에게서 인내를 배우시고 유혹은 물리치고 사시길 축원합니다.

2. 선지자입니다

10절을 보면 "형제들아 주의 이름으로 말한 선지자들을 고난과 오래 참음의 본으로 삼으라"고 하였습니다.

선지자들의 인내를 본으로 삼으라고 말씀합니다. 선지자는 농부처럼 기다릴 열매가 없습니다. 선지자가 등장할 때는 백성들이 하나님 앞에 범죄하거나, 불순종해서 그들의 회개를 촉구하기 위해 나타납니다.

그러면 사람들이 선지자를 환영할까요? 아닙니다. 사람들은 선지자가 가지고 온 메시지를 싫어합니다. 그래서 거짓 선지자라고 이름을 붙여 핍박합니다. 이들 대부분은 완악하여 하나님의 말씀을 대적합니다.

성경을 보십시오. 수많은 선지자가 고난을 당했습니다. 핍박을 받았습니다. 예레미야 선지자는 감옥에 수없이 들어갔습니다. 심지어는 산채로 구덩이에 던져지기까지 했습니다. 다니엘 선지자는 어릴 때부터 나라를 잃고 이방 땅에서 살았습니다. 나중에는 사자 굴에 던져졌습니다. 하박국 선지자는 뼈가 썩는 것 같은 고통을 받았고, 에스더는 하만의 음모 때문에 이방 땅에 끌려가 다른 동족들과 함께 몰살당할 뻔했습니다. 신약의 스데반은 돌에 맞아 죽었습니다. 사도 바울은 옥에 갇히기도 하고, 매도 수없이 맞고, 여러 번 죽을 고비를 넘겼습니다.

선지자의 임무는 사람들을 하나님께로 돌아오게 하는 것입니다. 선지자들이 외치면 초대교회처럼 하루에 삼천 명씩 아니면 오천 명씩 회개하고 돌아오면 얼마나 좋습니까? 선지자들은 외치지만 사람들은 바른말 듣기를 싫어합니다. 선지자들의 말에 귀를 닫습니다. 그리고 선자자들을 핍박했습니다.

선지자는 하나님의 말씀을 받아서 전하는 자입니다. 그렇다면 하나님의 백성이라면 선지자를 귀하게 여기고 그 말씀을 잘 받아야 합니다. 그러나 성경을 보면 선지자는 고난을 당했습니다. 모세를 생각해 보면 얼마나 위대한 종입니까? 그럼에도 이스라엘 백성들은 모세에게 불평하고 원망했습니다. 심지어는 모세를 돌로 쳐서 죽이려고까지 했습니다.

모세만이 아니고 다른 선지자들도 마찬가지였습니다. 매를 맞았습니다. 감옥에 갇혔습니다. 심지어는 목 베임을 당했습니다. 그럼에도 선지자들은 끝까지 포기하지 아니하고 모든 고난을 참고 또 참았습니다. 하나님께서 주신 사명과 말씀 선포하는 일을 위해서 모든 시련을 참고 끝까지 충성했습니다.

농부는 열매를 기다리며 인내하고, 사업가는 돈을 벌기 위해 땀 흘리고 일합니다. 이런 인내는 누구나 합니다. 그러나 선지자의 인내는 다릅니다. 선지자는 누구를 위해 참는 것입니다. 자기를 위해 인내하는 것이 아닙니다. 하나님의 말씀을 들어야 할 무지몽매한 백성들을 위해 인내하는 것입니다.

기원 후 105년경 사도 요한의 제자였던 폴리갑이 서머나교회에서 목회했습니다. 폴리갑은 본래 안디옥 출신입니다. 구전에 의하면 서머나의 어느 과부가 안디옥에서 폴리갑을 노예로 샀는데 폴리갑이 너무 똑똑해서 서머나의 과부가 죽게 될 때쯤 폴리갑을 자유인으로 만들어 주었다고 합니다.

폴리갑은 젊었을 때 사도 요한에게 직접 가르침을 받았습니다. 성격은 직설적이고 정열적이었다고 합니다. 20대의 청년 나이에 서머나교회의 감독이 되었고, 86세 때엔 아우렐리우스 황제 때 순교했습니다. 익나더우스가 순교한 후 약 반세기 후에 폴리갑이 순교했습니다.

이처럼 선지자들은 고난이 있을 때 당연한 것으로 알고 인내하면서 사명을 감당했습니다. 성도 여러분, 선자자들에게서 인내를 모범 삼기를 축원합니다.

3. 욥입니다

11절을 보면 "보라 인내하는 자를 우리가 복되다 하나니 너희가 욥의 인내를 들었고 주께서 주신 결말을 보았거니와 주는 가장 자비하시고 긍휼히 여기시는 이시니라"고 하였습니다.

욥은 하루아침에 자녀와 재산과 건강까지 잃었습니다. 그야말로 생명만 부지하는 신세가 되었습니다. 욥을 위로하겠다고 찾아온 친구들까지도 그의 마음을 괴롭게 했습니다. 그러나 이런 고통 속에서도 욥은 소망을 잃지 않았습니다. 극심한 시련 속에서도 입술로 범죄하지 않았습니다. 하나님을 향해 불평하거나 원망하지도 않았습니다.

"이르되 내가 모태에서 알몸으로 나왔사온즉 또한 알몸이 그리로 돌아가올지라 주신 이도 여호와시요 거두신 이도 여호와시오니 여호와의 이름이 찬송을 받으실지니이다"(욥 1:21).

욥은 고난 가운데서 자기의 무지, 거만한 태도, 자기 입술의 부정함, 잘못된 생각 등 자신의 부족을 깨닫고 티끌과 재 가운데서 회개했습니다. 이렇게 엄청난 고난을 인내하고 나니 하나님께서 갑절의 축복을 주셨습니다. 그 결과 욥은 양 14,000마리, 낙타 6,000마리, 소가 1,000마리, 암나귀 1,000마리 등을 소유한 그야말로 거부가 되었습니다. 아들 일곱과 딸도 셋을 주셨습니다.

성도 여러분, 끝까지 인내하면 하나님께서 복을 주시는 줄 믿고 고난과 환란과 어려움 속에서도 인내하시기 바랍니다. 인내하면 끝이 좋아집니다. 바울도 엄청난 고난들이 있었지만 인내했습니다. 그 결과를 디모데후서 4장 7~8절에서 고백하고 있습니다.

"나는 선한 싸움을 싸우고 나의 달려갈 길을 마치고 믿음을
지켰으니 이제 후로는 나를 위하여 의의 면류관이 예비되었으
므로 주 곧 의로우신 재판장이 그 날에 내게 주실 것이며 내게
만 아니라 주의 나타나심을 사모하는 모든 자에게도니라."

인내가 귀한 것은 인내에 대한 보상 때문입니다. 인내에는 온
갖 보상이 따릅니다. 인격이 성숙해지고, 사람들에게 존경받고,
사람들과 더 좋은 관계를 맺고, 더욱 행복감을 누릴 수 있습니
다. 가장 큰 보상은 주님 앞에서 상을 받는 것입니다.

성도 여러분, 잘 참으십니까? 혹시 조급하시다면 농부와 선
지자와 욥을 통해 인내를 회복하고 사시길 축원합니다.

40

십자가 정신

"유월절 전에 예수께서 자기가 세상을 떠나 아버지께로 돌아가실 때가 이른 줄 아시고 세상에 있는 자기 사람들을 사랑하시되 끝까지 사랑하시니라 마귀가 벌써 시몬의 아들 가룟 유다의 마음에 예수를 팔려는 생각을 넣었더라 저녁 먹는 중 예수는 아버지께서 모든 것을 자기 손에 맡기신 것과 또 자기가 하나님께로부터 오셨다가 하나님께로 돌아가실 것을 아시고 저녁 잡수시던 자리에서 일어나 겉옷을 벗고 수건을 가져다가 허리에 두르시고 이에 대야에 물을 떠서 제자들의 발을 씻으시고 그 두르신 수건으로 닦기를 시작하여 시몬 베드로에게 이르시니 베드로가 이르되 주여 주께서 내 발을 씻으시나이까 예수께서 대답하여 이르시되 내가 하는 것을 네가 지금은 알지 못하나 이 후에는 알리라"(요 13:1~7).

북유럽에 가면 '핀란드'라는 나라가 있습니다. 정식 명칭은 핀란드공화국입니다. 이 나라에 선행을 베풀어 백성들의 행복과 평화를 지키기 위해 노력했던 왕이 있었습니다. 왕은 백성들의 추앙을 받았지만, 왕위를 물려줄 아들이 없어서 고민하였습니다. 그러다가 결국 사위에게 왕위를 물려주기로 하고 사윗감을 찾는다고 광고를 했습니다. 그러자 전국에서 수많은 젊은이가 몰려와 활쏘기, 말타기 등 무예시험을 통해 10명이 1차에 합격했습니다.

2차 시험을 치르게 되자, 왕은 10명에게 "하늘과 땅, 이웃과 이웃을 하나로 이어주는 나무를 일주일 내에 구해 오거라"고 명령했습니다. 청년들은 이곳저곳을 돌아다니며 괴상하고 웅장한 나무를 가져왔습니다. 그런데 존 페로라는 청년은 십자가를 가지고 와서 왕 앞에 내밀며 이야기했습니다.

"폐하, 십자가의 세로 막대는 하늘과 사람을 연결하는 것이고, 가로 막대는 인간과 인간을 이어주는 것입니다. 이것이야말로 인간의 삶을 규정하는 위대한 상징입니다."

왕은 왕위를 존 페로에게 물려 주었습니다. 페로는 십자가 정신에 입각한 선정을 베풀었다고 합니다.

십자가 정신은 정치에서만 필요한 것이 아닙니다. 경제와 국방과 도덕과 윤리와 인간 모든 삶의 영역에서 필요합니다. 특히 기독교 진리의 핵심은 십자가입니다. 기독교에서 십자가를

　　　　　　　　　회복은 생명입니다(下)

빼버린다면 타 종교와 별 다를 바가 없습니다. 기독교와 타 종교를 명확하게 선을 긋게 하는 것이 십자가입니다.

변화산 사건을 기억하실 것입니다. 예수님께서 베드로와 요한과 야고보를 데리고 산에 올라가셨을 때 주님의 모습이 변화되셨습니다. 주님에게서 광채가 나고 주님의 옷은 세상에서 빨래하는 사람들이 희게 할 수 없을 정도로 하얗게 변화되었습니다.

그리고 이미 죽은 지 1,500년이 지난 모세와 아합 왕이 통치하던 시기에 활동했던 엘리야가 나타나 예수님과 대화를 나누었습니다. 그 대화의 내용은 주님의 죽으심입니다. 그만큼 십자가가 중요합니다.

"성경을 쥐어짜면 피가 나온다"라고 종교개혁자 마틴 루터가 말했습니다. 구약에는 짐승의 피가 흐르고, 신약에는 예수님의 피가 흐릅니다. 구약에는 양의 피로 가득하고 신약에는 예수님의 피로 충만합니다. 이 피는 십자가이고, 십자가는 성경 진리의 핵심입니다.

기원전 6세기 때부터 서기 4세기까지 십자가는 가장 가혹하고 고통스럽고 가장 잔인한 방법으로 사람을 죽이는 도구였습니다. 십자가에 사람을 묶어 놓거나 못을 박아 놓고 죽을 때까지 매달아 두었습니다. 그러면 천천히 죽음이 다가오고 십자가에 묶인 사람은 극도의 고통을 당합니다.

그러나 예수님께서 십자가에서 죽으심으로 오늘날의 십자가에는 완전히 다른 의미가 있습니다. 십자가는 죄인을 구원합니다. 지옥 갈 사람을 천국 가게 합니다. 아무리 악한 죄라도 십자가 앞에서는 무력하게 됩니다. 개인과 국가라고 해도 십자가 앞에서는 변화가 됩니다.

스텐버그라는 화가가 성 제롬 대성당의 위고라는 신부의 요청으로 '십자가에 달린 예수'를 그리게 되었습니다. 그림을 그리다가 스텐버그는 화료를 올릴 목적으로 중단하고 시골로 갔습니다. 그곳에서 집시 여자인 페피타를 모델로 다른 그림을 그리기 시작했습니다.

하루는 페피타가 초안만 잡혀 있는 예수상을 보고 스텐버그에게 십자가 이야기를 해 달라고 졸랐습니다. 스텐버그는 흔한 이야기라 시간 낭비라는 생각이 들었지만, 십자가 이야기를 점심시간에 들려주었는데, 페피타는 몹시 감동을 받았습니다. 그리고 스텐버그에게 이렇게 질문했습니다.

"우리를 사랑하기 때문에 죽었다는 이 훌륭한 사람을 선생님도 사랑하고 계시겠지요?"

이 한마디가 스텐버그의 가슴에 꽂혀 그를 몹시 당황하게 만들었습니다. '나는 정말 예수를 사랑하는가?' 스텐버그는 며칠

                                    회복은 생명입니다(下)

동안 예수를 깊이 생각하다가 다시 '십자가에 달린 예수' 그림을 그리게 되었고 그림이 완성된 후 화료를 사양하고 기증했다고 합니다.

1. 자기 사람들을 사랑하시되

1절을 보면 "유월절 전에 예수께서 자기가 세상을 떠나 아버지께로 돌아가실 때가 이른 줄 아시고 세상에 있는 자기 사람들을 사랑하시되 끝까지 사랑하시니라"고 하였습니다.

예수님은 세상에 있는 자기 사람들을 사랑하시되 끝까지 사랑하셨습니다. 이게 십자가 사랑입니다. 다시 말씀드리면 십자가 정신입니다. 사람들의 사랑은 주고받는 사랑입니다. 그러나 하나님의 사랑, 예수님의 사랑은 무조건적인 사랑입니다. 주고받는 사랑이 아니라 주는 사랑, 희생적인 사랑, 아가페적인 사랑입니다.

하나님은 세상을 이처럼 사랑하셔서 독생자를 주셨고, 독생자 예수님은 십자가를 거부했지만, 십자가를 지는 것이 하나님의 뜻인 것을 깨닫고 십자가도 순종했습니다.

예수님의 십자가의 죽으심으로 예수 믿는 모든 사람은 죄사함 받았습니다. 구원받았고 천국 갑니다. 우리가 아직 죄인 되었을 때 그리스도께서 우리를 대신하여 십자가에서 죽으심으로 하나님께서 하나님의 사랑을 확증해 보이신 것입니다.

하나님의 사랑을 깨닫고 살 때 하나님께서는 우리에게 은혜를 베푸시고 복을 주십니다. 독생자를 주신 하나님은 종합선물세트처럼 세세한 부분까지 우리의 필요를 책임져 주십니다.

우리의 일생도 의의 길로, 생명의 길로 인도하시고 우리의 삶을 풍성하게 인도하십니다. 그래서 다윗은 "여호와는 나의 목자시니 내게 부족함이 없으리로다"(시 23:1)라고 고백하고 있습니다.

미국 위스콘신주 85번 국도를 따라가다 보면 7.2km에 달하는 엄청난 해바라기밭을 발견하게 된다고 합니다. 넓은 밭에 해바라기가 꽃을 피워 넘실거리는 모습은 황금빛의 바다가 파도치는 것 같은 장관을 이룬다고 합니다.

이 해바라기밭이 생긴 동기는 매우 감동적입니다. 2006년 한 아내가 골수암 말기라는 진단을 받고 2개월밖에 못 산다는 시한부 판정을 받았습니다. 그러자 그녀의 남편은 아내를 포기하지 않는다는 희망의 표시로 집 주변에 아내가 좋아하는 해바라기를 심으며 최선을 다해 병간호를 했습니다.

남편의 사랑과 정성 때문이었는지 2개월의 시한부 판정을 받은 아내는 9년을 더 살다가 2014년 11월 66세를 일기로 세상을 떠났습니다. 아내가 떠났지만, 아내를 잊지 못하는 남편은 아내가 좋아했던 해바라기를 계속 심었습니다.

현재는 50만 평이나 되는 광대한 해바라기밭이 되었고 해바라기에서 얻는 수익금은 암 연구기관에 기부되어 항암치료가 필요한 어려운 이웃에게 쓰여진다고 합니다.

십자가 정신은 사랑입니다. 하나님 사랑, 예수님 사랑, 교회 사랑, 사람 사랑을 실천하고 사시기 바랍니다.

2. 제자들의 발을 씻으시고

5절을 보면 "이에 대야에 물을 떠서 제자들의 발을 씻으시고 그 두르신 수건으로 닦기를 시작하여"라고 하였습니다.

우리는 식사를 하기 전에 기도하는 습관이 있습니다. 유대인들은 식사를 하기 전에 손과 발을 씻습니다. 유대인들의 집 입구에는 손과 발을 씻을 물항아리를 준비해 놓습니다. 출입할 때 손과 발을 씻습니다.

그리고 손님이 오면 주인이 나가서 손발을 씻겨 드리든지 아니면 종이 나가서 씻겨 주기도 합니다. 그러나 이 날은 이유는 모르지만, 종도, 주인도 정결의식을 행하지 않았습니다. 제자들도 눈치를 보면서 나서는 사람이 없었습니다.

이때 예수님께서 나서서 수건을 허리에 두르시고 제자들의 발을 씻기셨습니다. 이것은 상상할 수 없었던 일입니다. 그야말로 황당함이었고, 문화적인 충격입니다.

제자들은 예수님과 함께 다니면서 많은 것을 배웠지만, 제대로 배우지 못했습니다. 예수님은 마음이 온유하고 겸손하셨습니다. 제자들의 손과 발을 씻기는 사건을 통해 겸손을 보여 주신 것입니다.

예수님은 섬김을 받으려고 오신 것이 아니라 섬기려고 오셨습니다. 자기 목숨까지 사람들의 대속물로 주려고 오셨습니다. 그러나 제자들은 우정승, 좌정승 하면서 자리를 노리고 있습니다. 하좌에 앉으려고 하지 않고 상좌에 앉기 위해 다투는 사람들입니다.

이들에게 예수님은 섬김의 모범을 보이신 것입니다. 선생으로서 제자들을 섬기셨고, 사랑으로 섬기셨고, 섬김의 본을 보이셨습니다.

십자가 정신은 섬김입니다. 그러나 신앙과 불신, 신자와 불신자 구분 없이 사람들은 섬기기 보다는 섬김을 받으려고 합니다. 돈 많이 벌고, 공부 열심히 하고, 높은 자리에 올라가려고 하는 저변에는 섬김을 받겠다는 마음이 자리 잡고 있습니다. 그러나 예수님은 섬기려고 오셨습니다.

"예수를 위한 바보"라는 책은 데이빗 케이프라는 목사님의 저서입니다. 데이빗 목사님은 남아프리카 공화국에서 백인이지만, 열방교회에서 목회를 했습니다. 아주 성공적인 목회를 했는데, 어느 날 갑자기 목회를 접고 길거리로 나가 사람들의 발을 씻겨 주라는 음성을 듣게 됩니다.

그때부터 14개월 동안 황당한 음성을 듣고 갈등하며 기도하다가 온 가족이 함께 순종하기로 결정했습니다. 그래서 나무 대야가 달린 십자가와 물통과 수건과 의자 등 20kg이 넘는 짐을 지고 3,000km를 걸어 세족 사역을 하면서 남아프리카 공화국을 순례했습니다. 걸프전이 일어났던 중동을 비롯한 전 세계를 누비며 20년 넘게 세족 사역을 한 이야기를 이 책에 담고 있습니다.

어떻게 보면 참 바보 같은 목사입니다. 그러나 발을 씻겨 주는 순간 사람들이 예수님의 손길을 느끼면서 예수님을 영접합니다. 마음이 회복되고 한센병 환자, 알코올 중독자, 중풍병자 장관을 비롯한 대통령까지 마음에 영적인 안식을 얻는 체험을 한다는 것입니다.

남의 발을 씻으려면 마음을 낮추어야 하고, 무릎을 꿇어야 하고, 허리도 숙여야 합니다. 이런 자세가 상대방의 마음을 움직입니다. 감동을 줍니다. 사람들은 섬김을 받으면서 예수님을 봅니다. 섬김에는 세워지는 은혜가 있습니다.

예수님이 베드로를 씻겨 주실 때 베드로는 사도가 되었습니다. 우리가 사람들을 섬길 때 하나님께서 우리의 섬김을 통해 사람들을 세우십니다.

세상뿐이 아니고 교회 안에도 섬김을 받으려는 사람들이 있을 수 있습니다. 아닙니다. 십자가 정신은 사랑이고 섬김입니다. 예수님을 통해 섬김을 배우시기 바랍니다.

3. 본을 보였노라

15절을 보면 "내가 너희에게 행한 것 같이 너희도 행하게 하려 하여 본을 보였노라"고 하였습니다.

예수님은 사랑의 주님이시기에 제자들의 발을 씻기고 싶었을 것입니다. 3년 동안 동행하면서 궁한 발, 굳은살이 박인 발, 흙투성이가 된 발이 아니겠습니까?

그동안 예수님은 "대접을 받으려 하지 말고 대접하는 자가 되라"(마 7:12)고 하셨고, 14절을 보면 "내가 주와 선생이 되어 너희 발을 씻었으니 너희도 서로 발을 씻어 주는 것이 옳으니라"고 하셨고, 15절에서는 "내가 너희에게 행한 것 같이 너희도 행하게 하려 하여 본을 보였노라"고 하였습니다.

예수님께서 제자들의 발을 씻기신 것은 본을 보이신 것입니다. 예수님께서 제자들의 발을 씻기긴 것처럼 사람들의 발을 씻기라는 것입니다.

서울에 영신교회라고 있습니다. 담임이신 이영무 목사님의 글을 읽은 적이 있습니다. 영신교회는 자랑이 있는데, 건물이나 프로그램이나 교인수가 아니라 원로 장로님 세 분을 자랑하

     회복은 생명입니다(下)

였습니다. 이분들은 식당에서 앞치마를 하고 행주를 들고 식탁을 닦고 교인들 사이를 다니면서 10년이 넘도록 섬긴다는 것입니다.

사무엘 브랭글이라는 청년은 성공회의 감독이 되는 것이 꿈이었습니다. 이런 청년이 구세군에 지원하기 위해 대서양을 건너 영국에 갔습니다. 부스 대장은 사무엘 브랭글 청년을 마지못해 받아주면서 그에게 겸손한 마음을 키워 주기 위해 흙투성이가 된 장화를 닦는 일을 시켰습니다.

그러자 그는 속으로 불평했습니다. 그때 예수님께서 제자들의 발을 씻기긴 일을 생각하면서 자신도 예수님처럼 섬기는 자가 되게 해 달라고 하나님께 기도했습니다. 결국, 브랭글 목사는 섬기는 삶을 살기 시작했습니다. 그는 일생동안 수많은 사람을 섬겨 많은 열매를 거두게 되었습니다.

대부분의 사람들은 "머리가 되게 하시고 꼬리가 되지 말게 하옵소서"라고 기도합니다. 높은 자리에서 호령하는 자신을 상상합니다. 그러나 하나님은 "머리란 무릎 꿇고 섬기는 자"라고 말씀하십니다. 예수님의 삶은 사랑과 겸손과 섬김이었습니다. 우리에게 이 세 가지 본을 보이신 것입니다.

아프리카의 성자 슈바이처 박사에게 자녀 교육에서 가장 중요한 것 세 가지가 무엇이냐고 물었습니다. 그분의 대답은 "첫째도 본보기, 둘째도 본보기, 셋째도 본보기"라고 했습니다.

부모가 본을 보여 주는 것보다 좋은 교육은 없습니다. 본을 보여 주는 것이 최고의 교육입니다. 십자가 정신으로 사시기를 축원합니다.

41

성 전

"그들이 예루살렘에 들어가니라 예수께서 성전에 들어가사 성전 안에서 매매하는 자들을 내쫓으시며 돈 바꾸는 자들의 상과 비둘기 파는 자들의 의자를 둘러 엎으시며 아무나 물건을 가지고 성전 안으로 지나다님을 허락하지 아니하시고 이에 가르쳐 이르시되 기록된 바 내 집은 만민이 기도하는 집이라 칭함을 받으리라고 하지 아니하였느냐 너희는 강도의 소굴을 만들었도다 하시매 대제사장들과 서기관들이 듣고 예수를 어떻게 죽일까 하고 꾀하니 이는 무리가 다 그의 교훈을 놀랍게 여기므로 그를 두려워함일러라 그리고 날이 저물매 그들이 성 밖으로 나가더라"(막 11:15~19).

세계 1차 대전이 끝나면서 독일교회는 점차 민족주의적인 성향을 띠게 되면서 히틀러를 위한 애국교회로 변질되어 갔습니다. 결국, 이들은 세계 2차 대전을 승인하므로 600만 명의 유대인들이 학살당하는 것을 묵인했습니다.

히틀러를 중심으로 사회주의 국가를 만드는 것이 교회가 하나님께 받은 의무라고 믿었습니다. 이런 때 독일 그리스도인 연맹은 성명을 발표했습니다.

"그리스도는 히틀러를 통하여 우리에게 오셨다. 모든 민족에게 그러하셨던 것처럼 우리 민족도 하나님께서 특별한 법을 주셨다. 이 법은 지도자 히틀러와 그에 의해 이룩된 국가 사회주의에서 구체적인 모습을 드러냈다. 히틀러와 사회주의 국가가 독일민족을 그리스도의 교회로 만들고자 하시는 하나님의 뜻이며 성령의 길이다."

600만 명의 유대인을 학살하는 것을 가능하게 했던 것은 독일 정치 집단이나 군인들이 아니라 독일교회였습니다. 당시에도 본 회퍼 목사처럼 깨어있는 소수의 신학자들이 나치를 반대했지만, 이미 사회주의에 독일교회는 물들었기 때문에 당시 주장들을 보면 섬뜩합니다.

① 사회주의 국가를 지지하지 않는 모든 목사는 제거한다.
② 유대인 혈통의 신자들은 축출한다.
③ 아리아인 조항을 교회 전반에 적용한다.
　아리안인 조항이란 기관, 기업의 조항이나 부동산 거래 증

서 등에서 회원 자격이나 거주 자격을 '아리아 민족'의 구성원으로 제한하고 비 아리아인, 특히 유대인들을 그러한 권리로부터 제외하는 조항입니다. 이 조항은 1885년부터 1945년까지 독일과 오스트리아의 공공 생활에서 매우 중요한 것이었습니다.

④ 성경에서 구약성경을 제외시킨다.

⑤ 예배에서 비게르만적 요소를 제외시킨다.

⑥ 예수에 대한 더 영웅적이고 긍정적인 해석을 수용한다.

⑦ 친 아리아인적인 관점에서 예수는 부패한 유대인들과 강하게 맞서 싸운 인물로 묘사한다.

교회가 사회주의 이념으로 물드니까 교회는 변질되고 마는 것입니다. 개인의 신앙과 교회 안에서도 세상의 이념이나 철학이나 사상이 침투하거나 지배하지 못하게 해야 합니다.

성경을 보면 예수님께서 성전에 들어가셔서 소란케 하신 사건이 두 번 있습니다. 공생애 초기에 한 번 하셨고, 공생애 말미에도 하셨습니다. 이 사건이 사복음서에 다 기록된 것을 보면 그만큼 중요한 사건이라는 것입니다.

공생애 초기에 성전에 가셔서 청소를 하셨음에도 정화가 되지 않아서 다시 성전에 가신 것입니다. 이것은 예루살렘 성전만 정화의 대상이 아니라는 것입니다.

성전과 교회는 차이가 있습니다. 성전은 손으로 지은 것이지만, 교회는 손으로 지은 것이 아닙니다. 성전은 하나님을 예배하기 위해 세웠다면 교회는 그리스도의 몸입니다.

예수님은 성전에 들어가서서 잘못된 성전을 바른 성전으로 회복시키셨습니다. 성전도, 교회도 세속에 물들면 안 됩니다. 본래의 모습을 회복해야 합니다. 교회는 네 종류가 있다고 합니다. 건물로서의 교회뿐 아니라 예수 믿는 우리들 각자도 이 네 종류 가운데 하나입니다.

① 공동묘지 같은 교회

믿음의 활동이 죽은 교회가 공동묘지 같은 교회입니다. 신앙인이라고 하지만 얼굴에 기쁨이 없습니다. 감사가 없습니다. 마지못해, 의무감으로 오가는 교회와 교인은 공동묘지 같은 교회입니다.

② 박물관 같은 교회

사람들은 박물관에 가서 골동품을 보며 기뻐합니다. 현재와 미래가 없이 옛 추억에만 빠져 있는 교회는 박물관 교회입니다. 과거에는 '우리 교회가 몇 명 모였는데...' 옛 추억만 먹고 삽니다.

③ 극장 같은 교회

사람들이 많이 모입니다. 모여서 그곳에 있는 배우나 노래 잘하는 사람들을 바라보며 손뼉 치고 끝납니다. 이웃이나 교인 상호 간에 관심이 없습니다. 극장 같은 교회입니다.

④ 잔칫집 같은 교회

말씀의 은혜가 있고 기도와 찬양과 감사와 기쁨이 있는 교회입니다. 축제가 있습니다. 교인들이 서로 만나는 것이 기쁨이요, 행복입니다.

어떤 성전이나 교회이든 잘못되었다면 청소의 대상일지라도 다시 회복하면 됩니다. 성전, 교회에는 무엇이 있어야 할까요? 무엇을 회복해야 될까요?

1. 예수께서 성전에 들어가사

15절을 보면 "그들이 예루살렘에 들어가니라 예수께서 성전에 들어가사 성전 안에서 매매하는 자들을 내쫓으시며 돈 바꾸는 자들의 상과 비둘기 파는 자들의 의자를 둘러 엎으시며"라고 하였습니다.

예수님이 예루살렘에 올라가셔서 먼저 성전에 들어가셨습니다. 그런데 성전은 매매하는 자들과 돈 바꾸는 자들로 가득했습니다. 성전은 하나님을 예배하는 곳인데 예배의 준비, 예배의 자세는 전혀 되어 있지 않았습니다.

수천만 명이 화려한 곳에 모여 있다고 해도 참된 예배가 드려지지 않는다면 그곳은 성전도, 교회도 아닙니다. 성전과 교회에서 해야될 가장 중요한 것은 하나님을 예배하는 것입니다. 하나님께 예배드리면 이사야처럼 하나님의 영광을 바라보아야 합니다.

수도원에 들어가 오랜 세월 수도했던 안토니오가 수도는 이만해도 되겠다는 생각이 들어서 수도원을 나가려고 했습니다. 그는 먼저 구두부터 수선해야 되겠다는 생각에 구두 수선공을 찾아갔습니다.

수선공에게 "가족은 몇 명입니까?"라고 물었더니 아내와 10명의 아이가 있다고 대답했습니다. 그래서 안토니오가 그 많은 식구가 굶지 않을 수 있느냐고 물었더니 수선공은 잠시 생각을 하더니 이렇게 대답했습니다.

"저는 주의 종들의 신발이 오랫동안 편안하게, 해지지 않도록 수선합니다. 이것에만 최선을 다하면 나머지는 하나님께서 책임져 주시겠지요."

     회복은 생명입니다(下)

수선공의 말을 들은 안토니오는 너무나 부끄러웠습니다. 아직 수도가 덜 되었음을 알고 다시 수도원으로 들어가 수도를 계속했다고 합니다.

예수 믿는 우리가 직장 생활에서 즐거움을 잃어버리는 이유가 바로 이것입니다. 일보다는 보수에 관심이 더 많습니다. 그래서 일하는 즐거움을 상실하고 마는 것입니다.

교회도 오고가기만 해서는 별의미가 없습니다. 최선을 다해서 예배시간에 참석하여 예배드리고 은혜받고 하나님 앞에 정성을 드려 헌신하고 봉사하며 충성하는 것입니다. 땀 흘리고 수고하고 헌신할 때 행복하게 됩니다.

교회에서 예배드리는 시간만이 예배가 아닙니다. 세상에서 무슨 일을 하든지 하나님을 생각하고 하나님 중심으로 하면 그것도 하나님께서 받으십니다. 이것이 삶의 예배입니다.

예배는 억지로 하거나 마지못해서 드리는 것이 아닙니다. 죄에 빠진 우리를 구원해 주신 은혜에 감사하고 감격하여 우리의 전부를 드리는 마음으로 예배드려야 합니다.

2. 내 집은 만민이 기도하는 집이라

17절을 보면 " 이에 가르쳐 이르시되 기록된 바 내 집은 만민이 기도하는 집이라 칭함을 받으리라고 하지 아니하였느냐 너희는 강도의 소굴을 만들었도다"라고 하였습니다.

유대인들이 성전을 건축한 이유는 세 가지입니다. 예배하고 기도하고 말씀을 듣기 위함입니다. 이스라엘 백성들은 하루 세 번씩 성전에 나와서 기도했습니다. 성전에 나올 형편이 못 되면 성전 있는 방향을 바라보고 창문을 열어 놓고 기도했습니다. 우리 교회가 회복해야 할 것이 많지만, 가장 시급한 것, 급선무는 기도입니다.

죠지 뮐러는 영국 브리스톨에 있는 '애쉴리도우'고아원의 원장이었습니다. 일생 동안 10,024명의 고아들을 돌보았다고 하는데, 어려움이 많았다고 합니다. 그때마다 기도했는데 일생 동안 5만 번의 응답을 받았다고 합니다.

불신 친구를 위해서 기도했는데 도무지 교회 나올 생각도 하지 않았더랍니다. 결국, 아쉬운 마음으로 세상을 떠났는데 놀라운 것은 그의 사후에 친구가 회개하고 돌아왔습니다. 그는 방방곡곡을 다니면서 "나는 죠지 뮐러가 기도한 마지막 열매입니다"라고 간증했습니다.

기도의 중요함을 모르는 분들은 없습니다. 기도의 중요함에 대한 설교를 얼마나 많이 듣는지 모릅니다. 기도 응답받는 비결, 하나님께 합당한 기도, 기도의 자세 등 이론적으로 모르는 것은 별로 없습니다. 그럼에도 신앙생활 하면서 가장 부족한 부분이 기도가 아닐까요?

　성도 여러분, 신앙생활에서 가장 중요한 것이 기도라는 사실을 기억하고 기도하는데 시간과 정성을 투자하시기 바랍니다.

　고인이 된 이스라엘의 베긴 수상이 레이건 대통령의 초청을 받고 미국에 갔습니다. 백악관에 갔더니 전화기가 세 대 놓여 있는데 붉은색과 은색과 금색의 전화기 있습니다. 이상한 생각이 들어서 전화기의 색깔이 다른데 무슨 의미가 있느냐고 물었더니 레이건 대통령은 "붉은색 전화기는 소견과 전화할 때 사용하고, 은색 전화기는 일반적인 통화를 할 때 사용하고 금색 전화기는 하나님과 대화할 때 사용하는 것입니다"라고 대답했습니다.

　베긴 수상은 다시 물었습니다. "하나님과 통화하시려면 요금이 많이 나오겠네요?" 그러자 레이건은 미국의 국력을 은근히 자랑하는 의미로 "네, 많이 나옵니다. 한 통화에 만 달러 정도는 될 겁니다" 라고 했습니다.

　얼마 후 레이건 대통령이 베긴 수상의 초청으로 이스라엘을 방문했습니다. 베긴 수상의 집무실에 갔더니 자기 집무실의 전화기와 동일한 것이 놓여 있었습니다. 그 이유를 물었더니 "붉은색은 공산 국가와 통화하고, 은색은 우방과 통화하고 금색 전화기는 하나님과 통화할 때 사용합니다"라고 대답했습니다.

　레이건은 "하나님과 통화하려면 요금은 얼마나 냅니까?"라고 물었더니, 베긴 수상은 웃으면서 "미국 돈으로 1센트 정도

됩니다"라고 대답했습니다. 어떻게 그렇게 싼요금으로 사용하느냐고 물었더니 "미국은 하나님과 장거리에 있기 때문에 한 통화에 만 달러를 내고 우리 이스라엘은 하나님과 가까이 있기에 요금이 대단히 저렴합니다"라고 했습니다.

여러분은 하나님과 어느 정도의 거리에 있으십니까? 하나님은 우주 밖이나 바다 깊은 해저에 계시지 않습니다. 우리 가까이 계십니다. 누구든지 기도하면 들으실 만한 가까운 곳에 계십니다.

걱정하거나 두려워하거나 염려하지 말고 기도한 것은 받은 줄로 믿으라고 하셨으니 기도하고 응답받으며 사시기를 바랍니다. 기도를 탐욕 수단으로 사용하지 말고 이웃을 사랑하는 마음과 하나님의 뜻대로 기도하시기를 바랍니다.

신실한 신앙인으로 존경받았던 지미 카터 대통령은 하루에 24번씩 기도했다고 합니다. 대통령으로서 얼마나 공사가 다망하겠습니까? 그럼에도 열심히 기도했습니다. 기자가 "바쁘신데 어떻게 그렇게 기도하십니까?"라고 질문했더니 "바쁘니깐 기도해야지요"라고 하더랍니다.

무엇보다 기도하는데 최선을 다하시기 바랍니다. 혹시 기도의 줄이 끊어졌다면 회복하는 은혜를 받으시기 바랍니다.

3. 다 그의 교훈을 놀랍게 여기므로

18절을 보면 "대제사장들과 서기관들이 듣고 예수를 어떻게 죽일까 하고 꾀하니 이는 무리가 다 그의 교훈을 놀랍게 여기므로 그를 두려워함일러라"고 하였습니다.

하나님의 말씀, 예수님의 말씀, 성경 말씀, 설교 말씀을 읽거나 들으면서도 반응은 다릅니다. "아멘"하고 순종하는 사람도 있고 시험 드는 사람도 있고 대제사장이나 서기관처럼 '어떻게 죽일까?'를 연구하는 사람도 있습니다.

무리들 가운데는 예수님의 말씀을 놀랍게 여기고 두려워하는 사람들이 있었습니다. 성전과 교회에 하나님의 말씀이 선포되어야 합니다. 그리고 신앙인들은 하나님의 말씀을 듣고 읽고 순종해야 합니다.

여러분의 삶의 중심은 무엇입니까? 기준은 무엇입니까? 하나님의 말씀이 기준이고 중심이 되어야 합니다. 어떤 사람이 형통할까요? 말씀을 즐거워하고 주야로 묵상하는 사람입니다. 말씀을 듣고 읽으면서 자신이 말씀에 합당한 삶을 살고 있는지, 말씀에 순종하고 있는지, 항상 점검해야 합니다

글래드 스틴이라는 영국의 수상이 어느 날 교회에서 예배를 드리고 나오는데 한 기자가 이렇게 말했습니다. "학식과 지식을 갖춘 대통령께서 저런 어눌한 설교를 들으려 오시다니요. 저는 이해가 안 됩니다." 그러자 글래드 스틴은 이렇게 말했다

고 합니다.

"저는 웅변을 들으려고 교회에 오는 것이 아니라 하나님의 말씀을 들으려고 옵니다."

성전과 교회는 하나님의 말씀이 선포되어야 합니다. 신학적인 지식이나 인간적인 도덕이나 윤리를 전하는 곳이 아닙니다. 교회가 하나님의 말씀을 선포하지 아니하고 인간의 도덕이나 윤리나 세상의 성공 철학을 이야기한다면 교회의 존재 가치를 상실하는 것입니다.

하나님의 말씀은 능력입니다. 기독교는 말씀의 종교입니다. 기독교를 말씀의 종교라고 부르는 이유는 기독교는 하나님의 말씀 위에 세워졌기 때문입니다. 예수님은 "사람이 떡으로만 살 것이 아니요 하나님의 입에서 나오는 모든 말씀으로 살 것이니라"고 하셨습니다. 하나님의 말씀은 성령의 검입니다. 그래서 이렇게 설명합니다.

"좌우의 날선 어떤 검보다도 예리하여 혼과 영과 및 관절과 골수를 찔러 쪼개기까지 하며 또 마음의 생각과 뜻을 감찰하시나니 지으신 것이 하나라도 그 앞에 나타나지 않음이 없느니라."

　　　　　　　　회복은 생명입니다(下)

하나님의 말씀을 읽고 듣고 쓸 때 성령의 감동 감화를 받습니다. 그 이유는 하나님의 말씀은 영이요, 생명이기 때문입니다. 여러분 개인과 교회 안에 예배와 기도와 말씀을 회복하시기 바랍니다.

42

하나 됨

"그러므로 주 안에서 갇힌 내가 너희를 권하노니 너희가 부르심을 받은 일에 합당하게 행하여 모든 겸손과 온유로 하고 오래 참음으로 사랑 가운데서 서로 용납하고 평안의 매는 줄로 성령이 하나 되게 하신 것을 힘써 지키라 몸이 하나요 성령도 한 분이시니 이와 같이 너희가 부르심의 한 소망 안에서 부르심을 받았느니라 주도 한 분이시요 믿음도 하나요 세례도 하나요 하나님도 한 분이시니 곧 만유의 아버지시라 만유 위에 계시고 만유를 통일하시고 만유 가운데 계시도다"(엡 4:1~6).

하나 되고 나누어지고 화해하고 분열하는 것은 하나님의 방법입니다. 하나님은 하나 되게도 하시고 분열되게도 하십니다.

바벨탑을 인간들이 쌓을 때는 그 목적이 선하지 않았기 때문에 그들의 언어를 혼잡케 하셔서 공사를 중단시키셨습니다. 그들을 나누고 흩으셨습니다. 바울과 바나바는 초대교회 선교와 목회의 거장입니다. 그들이 선교 여행에 마가를 데리고 갈 것인가 말 것인가로 다툼이 생겼습니다.

결국, 둘은 갈라지고 바울은 실라를 데리고 수리야와 길리기아로 가서 교회를 세웠고 바나바는 마가를 데리고 구브로로 가서 선교하여 교회를 세웠습니다. 결과적으로 보면 이들의 나누어짐이 선교의 지경을 넓히고 하나님의 뜻을 성취하는 데 유익했다는 것입니다.

나누어짐에는 이렇게 선한 결과를 가져오기도 하지만 나쁜 결과를 얻는 경우가 허다합니다. 인류의 역사가 나눔과 분열의 역사라면 하나님의 역사는 화해와 통일과 일치와 하나 됨의 역사입니다.

분열과 하나 됨은 장단점이 있는 것은 사실이지만 일반적으로 보면 하나 됨은 하나님의 역사이고 분열되는 것은 마귀의 역사입니다. 2019년 1월 국민일보에서 교회를 옮기는 이유를 조사했는데 가장 큰 이유는 교인 간 불화였습니다. 가정도, 교회도, 국가도 불화하면 무너지고 하나 되면 세워집니다.

유대인들의 지혜서인 탈무드를 보면 한 남자가 사랑하는 여인에게 청혼하기 위해 여인의 집을 찾아가 문을 두드렸습니다. "누구세요?" 집안에서 여인의 목소리가 들렸습니다. 남자는 "나예요"라고 대답했는데 문이 열리지 않았습니다. 그리고 더 이상 집안에서는 아무 소리도 들리지 않았습니다.

집으로 돌아온 남자는 며칠을 고민했습니다. '우리는 서로 사랑했는데 왜 문을 열어주지 않았을까?' 결국, 해답을 찾아 다시 여인의 집으로 가서 문을 두드렸습니다. 역시 "누구세요?"라는 사랑하는 여인의 목소리가 들렸습니다. 남자는 자신 있게 대답했습니다. "당신입니다." 그러자 비로소 문이 열렸습니다.

이 이야기의 요점은 "내가 곧 당신"이라는 것입니다. 유대인들은 이런 이야기를 통해 결혼의 전제 조건으로 하나 됨을 가르치고 강조했습니다. 부모님들의 심적 고통 가운데 가장 큰 심적 고통은 무엇일까요? 자식들의 불화가 아닐까요? 의외로 화목하지 못한 집들이 많습니다. 화목하지 못하다는 것은 하나가 되지 못했다는 것입니다.

육신의 부모뿐 아니라 하나님께서도 우리가 하나 되기를 원하십니다. 예수님도 요한복음 17장에서 "내게 주신 영광을 내가 그들에게 주었사오니 이는 우리가 하나가 된 것 같이 그들도 하나가 되게 하려 함이니이다"(22절)라고 기도하셨습니다.

분열하고 대립하는 원인은 대부분 별것 아닙니다. 조금만 양보하면 얼마든지 하나 될 수 있습니다. 그러나 하나 되지 못하고 분열하면 엄청난 것을 잃을 수 있습니다.

어떤 성직자가 세례식을 하기 위해 물을 떠다 놓고 그 물을 축복했습니다. 그 물은 거룩한 물이 되었다고 생각했습니다. 그런데 그 물에 파리가 날아들어 빠지더니 허우적거리다가 죽고 말았습니다. 그렇다면 세례식을 행하는 거룩한 성수가 오염되었을까요? 아니면 파리가 거룩한 물에 빠져 성화된 것일까요?

우리들 같으면 물을 바꾸면 됩니다. 그러나 토론을 좋아하고 분쟁을 즐기는 사람들은 이 문제를 가지고 격론을 벌이다가 성수 오염파와 파리 성화파로 분열되었다는 것입니다. 이렇게 되면 서로의 주장을 굽히지 않습니다. 싸우게 되면 서로의 약점을 잡아 비난하고 정죄합니다. 내부 문제로 자기들끼리 열심히 싸우고 있는 동안 회교 군대가 그 지역을 침공해서 수많은 희생자를 내고 말았습니다.

하나님과 예수님과 성령님은 우리들이 분열하고 대립하고 나누는 것을 원하지 않고 하나 되기를 원하십니다. 하나 되는 곳에 하나님의 역사가 일어나고 분열하고 나누어지고 싸우는 곳에 마귀가 역사 합니다.

1. 모든 겸손과 온유로 하고

2절 상반절을 보면 "모든 겸손과 온유로 하고"라고 하였습니다.

겸손이란 자신의 부족과 무가치함을 깨닫고 자신보다 남을 낮게 여기는 마음의 자세입니다. 예수님은 친히 낮아지시는 모범을 통해 겸손의 미덕을 보여 주셨는데, 겸손은 기독교 신앙의 모든 미덕 가운데 중요한 위치를 차지하고 있습니다.

　그리고 온유란 이해심이 깊다는 말입니다. 온유는 예수님의 성품이며 동시에 성령에 열매입니다. 분열과 불화가 교만과 이기심의 열매라면 겸손과 온유는 하나 됨과 회복과 평화의 열매입니다. 예수님은 마태복음 11장 29절에서 "나는 마음이 온유하고 겸손하니 나의 멍에를 메고 내게 배우라 그리하면 너의 마음이 쉼을 얻으리니"라고 하셨습니다.

　이사야 선지자는 메시아를 겸손히 고난받는 종으로 묘사했고 다른 예언자들은 종말론적인 메시아를 온유하고 겸손한 인격의 소유자로 소개하고 있습니다(슥 9:9).

　온유하고 겸손하다는 말은 화내지 않고 온순하다는 뜻이 아니라 종으로서 타인을 섬기며 고난을 당하며 타인의 아픔을 안다는 의미가 강합니다. 교만하고 사나운 사람들은 분열하게 만든다면 온유하고 겸손한 성품의 사람들은 하나 되게 합니다.

　미국의 한 교회가 날마다 구원받는 사람들이 더해지고 성도들 가운데 놀라운 영적 체험하는 수도 많아졌습니다. 이 교회 입구에는 'Jesus only'(오직 예수)라는 글씨를 크게 붙여서 교회를 출입하는 성도들은 이 글씨를 읽고 교회를 출입했습니다.

　'오직 예수'는 이 교회 신앙고백의 초점이었고 성도의 교제에 초점이었습니다. 그런데 세월이 흘러가면서 교민들의 숫자도 차츰 줄고 구원의 감격과 영적 체험도 약화되기 시작했습니다. 그런데 재미있는 것은 세월이 흐르면서 교회 입구에 있던 유명한 간판 글씨도 글자가 하나씩 떨어져 나가기 시작했습니다. 맨 앞 글자부터 떨어져 나갔습니다.

먼 훗날 이 교회에서 자랐던 청년 하나가 고향 교회가 그리워서 찾아 왔는데 교회는 쇠퇴해 버렸고, 유명했던 'Jesus only'라는 간판은 'Jes'자가 떨어져 없어졌고 'us only'(우리들만)만 남아 있었습니다. 예수는 빠져 있었던 것입니다.

개인이나 단체는 온유하고 겸손하면 예수님이 함께 하십니다. 교만하면 예수님은 버리십니다. 온유하고 겸손하면 하나 됩니다. 여기에는 편안과 회복과 행복이 있습니다. 그러나 교만하면 분열됩니다. 나누어집니다. 결국 무너지고 맙니다. 실패와 불행의 흔적만 남게 됩니다.

400명 정도의 환자가 있는 정신병원을 어떤 분이 방문했는데 관리하는 분은 3명밖에 없더랍니다. 깜짝 놀란 방문객이 "세 분이 어떻게 4백 명의 정신병자를 관리합니까? 폭력을 행사하거나 병원을 뛰쳐나가면 막을 방법이 있습니까?"라고 묻자, 관리인이 웃으면서 이렇게 대답하더랍니다.

"정상이 아닌 사람들은 절대로 연합하지 못합니다."

교회 일에도 정상적인 신앙인은 연합합니다. 협력합니다. 하나 됩니다. 온유하고 겸손한 마음의 소유자는 예수님의 마음을 닮은 신앙인입니다. 이런 성도는 하나님과 예수님과 교회와 하나 됩니다. 온유와 겸손의 소유자가 되시기를 바랍니다.

2. 오래 참음으로

2절 상반절에 "모든 겸손과 온유로 하고 오래 참음으로"라고 하였습니다.

하나 되려면 오래 참아야 합니다. 오래 참음은 죄인을 대하시는 하나님의 성품입니다(롬 2:4, 9:22, 벧전 3:20, 벧후 3:15).

하나님께서 참지 않으시고 우리가 죄를 지을 때마다 즉시 심판하신다면 세상에 살아남을 사람이 어디 있겠습니까? 하나님께서 우리를 참으시기 때문에 우리도 남의 실수와 잘못에 대해서 참아야 합니다. 이웃과의 관계에서 예수 믿는 우리가 나타내야 할 성령의 열매는 오래 참음입니다. 복수할 수 있음에도 결코 복수하지 않는 것은 오래 참음입니다.

현대인들은 무엇엔가 화가 난 것 같습니다. 분노 조절 장애 환자 같습니다. 그래서 참지 못하고 폭발해 버립니다. 신호등이 바뀌었는데도 앞차가 금방 출발하지 않는다고 경적을 울립니다. 층간소음을 참지 못해서 갈등과 분열이 심합니다. 참지 못하면 불상사가 납니다. 실수하게 됩니다. 그중에는 그것을 수습하기 어려워지기도 합니다.

신앙인이라면 참음의 미학을 누려야 합니다. 그 이유는 하나님의 참으심 때문입니다. 하나님께서 죄인인 우리를 향해 얼마나 참으십니까? 시편 103편 8절을 보면 "여호와는 긍휼이 많으시고 은혜로우시며 노하기를 더디 하시고 인자하심이 풍부하시도다"라고 하셨습니다.

예수님도 오래 참음으로 점철된 인생이었습니다. 성육신과 십자가와 무덤과 지극히 낮아지심을 경험하셨습니다. 하나님의 오래 참으심과 예수님의 오래 참으심을 모범 삼아 우리도 오래 참아야 합니다. 그래야 하나님을 기쁘시게 할 수 있고 구원에 이르고 믿음을 지킬 수 있습니다.

월터 미셀이라는 미국 스탠퍼드 대학교 심리학자는 마시멜로 시험을 했습니다. 653명의 유아원 아이 눈앞에 마시멜로(아이들이 좋아하는 사탕의 일종)를 놓아놓고 15분 동안 먹지 않고 참는 자에게 큰 선물을 주겠다고 했습니다. 이들 가운데 30%만 견뎌냈고, 나머지 70%는 30초도 지나지 않아 유혹을 이기지 못하고 마시멜로를 먹어 버렸습니다.

15분을 기다리며 인내한 아이들은 성인이 된 지금도 그들은 성공적인 삶을 살고 있다는 것입니다. 반면에 기다리지 못한 아이들은 비만과 약물 복용의 문제점들을 안고 있다고 합니다.

마시멜로 법칙은 자기 통제가 성공의 지름길임을 보여 주는 것입니다. 작은 차이가 큰 차이를 만듭니다. 부부간에도 참을성

있는 사람은 어려워도 격려하고 힘을 북돋아 주고 노후를 준비
해 갑니다. 그러나 참지 못하면 별문제 아닌데도 화를 내고 충
돌합니다. 그렇다면 인내가 필요할 때는 언제일까요?

① 환난 당할 때입니다(살후 1:4).

② 선을 행할 때입니다(갈 6:9).

③ 죄악과 대항할 때입니다(계 2:2~3).

④ 교회에서 직분을 감당할 때입니다(고후 12:12).

⑤ 믿음을 지킬 때입니다(계 14:12)

인내함으로 받는 축복이 있습니다.

① 형통하게 됩니다.

"여호와 앞에 잠잠하고 참아 기다리라 자기 길이 형통하며
악한 꾀를 이루는 자를 인하여 불평하지 말지어다"(시 37:7).

② 기도를 들으십니다.

"내가 여호와를 기다리고 기다렸더니 귀를 기울이사 나의
부르짖음을 들으셨도다"(시 40:1).

③ 온전하게 됩니다.

회복은 생명입니다(下)

"인내를 온전히 이루라 이는 너희로 온전하고 구비하여 조금도 부족함이 없게 하려 함이라"(약 1:4).

존 드라이든(John Dryden)이라는 시인이며 평론가는 "고통받을 때는 침묵이 최고다"라고 했고, 마더 테레사는 "문제가 올 때마다 문제를 문제로 보지 않고 선물로 생각했다. 문제에는 반드시 답이 있기 때문에 문제를 만날 때 긍정적으로 생각하는 것이 제일 중요하다. 그리고 기다리는 것이다"라고 했습니다.

참지 못하므로 관계가 깨어지고 일이 성취되지 못하고 하나님의 뜻을 이룰 수 없음을 깨닫고 오래 참음을 실천하고 사시기를 바랍니다.

3. 사랑 가운데서 서로 용납하라

2절 하반절에 "사랑 가운데서 서로 용납하라"고 하였습니다. 인간관계의 중심에는 사랑이 있어야 합니다. 사랑이 식으면 모든 것에 쉽게 싫증이 납니다. 남의 단점만 보입니다. 부정적으로 생각하게 됩니다. 반면에 사랑하게 되면 좋게 보게 되고 긍정적으로 보게 됩니다. 존경이 저절로 나오고 이해가 됩니다. 실수도 가려지고 허물도 용서하게 됩니다.

여러분, 용납되지 않는 일이 생겼다면 먼저 자신의 마음을 점검해 보십시오. 내 마음에 사랑이 남아 있습니까? 서로 용납하라고 했습니다. 그 이유가 무엇일까요? 우리는 너나 할 것 없이 문제가 많은 자입니다. 완전하지 못하고 완벽하지 못합니다. 부족하고 모자란 것이 나 자신이기 때문입니다. 이런 우리를 예수님께서 받아주셨습니다. 용납하셨습니다. 구원하시고 사랑하시고 자녀로 삼아 주셨습니다.

로마서 15장 7절을 보면 "그러므로 그리스도께서 우리를 받아 하나님께 영광을 돌리심과 같이 너희도 서로 받으라"고 했습니다. 예수님께서 우리를 받으신 것은 우리가 의롭거나 완전했기 때문이 아닙니다. 죄악 투성, 허점 투성임에도 받아주셨습니다.

예수님께서 나 같은 사람을 받아주었다면 못 받을 사람이 없다는 것입니다. 용납하면 하나 되고 용납하지 못하면 분열한다는 것입니다. 누구에게나 눈과 코와 입과 손과 발이 있습니다. 정상적으로 제 역할을 담당할 때는 소중함을 모릅니다. 그러다가 한 곳이 고장이 나면 소중함을 깨닫게 됩니다.

중요한 것은 어느 것 하나 중요하지 않은 것이 없다는 것입니다. 눈은 눈대로, 코는 코대로, 귀와 입은 그대로, 손과 발은 그대로 소중합니다. 이 가운데 하나만 문제가 생겨도 온몸이 불편합니다. 있는 그대로 받아주어야 합니다.

카터 대통령의 부인 로잘린은 신앙심이 깊고 현숙한 여인입니다. 그럼에도 카터와 로잘린은 가끔 말다툼을 했답니다. 카터는 약속 시간 30분 전에는 약속 장소에 도착해야 하는 성격입니다. 절대로 약속에 늦는 법이 없었습니다. 그러나 로잘린은 항상 약속 장소에 늦게 도착했습니다. 그래서 대통령이 되기 전부터 다투었답니다. 대통령이 된 후에도 훈계하고 교육했지만, 부인의 습관을 고치지 못했답니다.

하루는 부인의 생일을 맞아 생일 카드를 쓰다가 카터는 아무리 고치려고 해도 못 고치는 병이니 그 버릇을 내가 받아들여야겠다고 생각했습니다. 그래서 생일 카드에 "내가 오늘까지 당신을 너무 괴롭혔는데 지금부터 당신은 시간 지키는 것에서 자유해도 좋습니다"라고 썼습니다. 로잘린은 이 카드를 받고 남편에게 "당신이 내게 준 최고의 선물입니다"라고 하며 좋아하더랍니다.

용납은 비난하거나 정죄하지 않고 있는 모습 그대로 받아들이는 것입니다. 분열과 대적하는 시대에 하나 되는 비결은 겸손과 온유와 오래 참음과 용납입니다. 하나 됨을 회복하고 사시기를 바랍니다.

43

성도다움

"그런즉 너희가 어떻게 행할지를 자세히 주의하여 지혜 없는 자 같이 하지 말고 오직 지혜 있는 자 같이 하여 세월을 아끼라 때가 악하니라 그러므로 어리석은 자가 되지 말고 오직 주의 뜻이 무엇인가 이해하라"(엡 5:15~17).

27세에 집을 떠나 30년간 서남아시아 지역을 유랑하면서 각종 종교를 경험하고 난 후에 힌두교의 악습을 개혁하고 이슬람교의 유일신관을 접목시킨 시크교를 창시하고 이 종교의 최고 지도자가 된 '나나크데브'라는 학자는 고대 인도에서 가장 현명하다고 알려졌습니다.

당시 자신이 얼마나 가치 있는 사람인지 궁금해하던 사람이 나나크데부를 찾아가 자신의 가치를 물었습니다. 그러자 나나크데브는 그 사람에게 작은 보석 하나를 서랍에서 꺼내주면서 "이 보석을 가지고 시장에 가서 만나는 상인들에게 보석 값을 물어보고 오라”고 했습니다. 그러면서 덧붙이기를, 가격을 아무리 높게 불러도 절대 팔지 말고 계속 물어보기만 하라고 했습니다.

자신의 가치가 궁금했던 사람은 시장에서 만나는 상인들에게 보석값을 묻기 시작했는데, 과일 장사는 사과를 몇 개 준다고 했고, 옷감 장사는 비단을 조금 주겠다고 했습니다. 장신구를 만드는 사람은 장신용으로 제격이라면서 높은 가격을 불렀습니다. 이렇게 저마다 부르는 가격이 달랐습니다.

보석상들도 저마다 다른 가격을 불렀습니다. 훌륭한 보석이라고 평가하면서 천금을 주겠다고 하는 보석상이 있고, 별 볼 일 없는 보석이니 헐값에 넘기라는 보석상도 있었습니다. 자신의 가치가 궁금했던 사람은 나나크데부에게 돌아와 시장에서 있었던 이야기를 하면서 보석을 주었습니다. 이야기를 다 들은 나나크데부는 질문에 답을 주었습니다.

“사람의 가치도 이 보석과 같습니다. 다른 사람이 내 가치를 평가하는 것은 다 다릅니다. 나의 가치는 다른 사람의 평가에서 결정되는 것이 아니고 나 스스로 정하는 것입니다.”

하나님께서는 저와 여러분의 가치를 만왕의 왕이신 예수님의 값으로 치러주셨습니다. 그만큼 우리는 귀하고 귀한 존재입

니다. 예수님 때문에 우리는 하나님의 자녀(요 1:12), 하나님의 백
성(마 28:18), 성도(엡 2:2)가 되었습니다.

맴버쉽 클럽(Membership Club)이라는 것이 있습니다. 여기는
클럽에 정식 회원으로 가입된 사람만 입장이 가능합니다. 아
무나 못 들어갑니다. 내각 회의에는 각료들만 들어가고 국회
에는 의원들만 입장 가능합니다. 재판석에는 판사들만 앉을 수
있습니다.

크리스천이라는 말은 '예수 그리스도에게 속한 사람'이란 뜻
입니다. 크리스천이란 성도라는 의미입니다. 하나님의 은혜로
예수 그리스도를 구주로 믿고 영접하여 하나님의 자녀(가족)가
된 사람입니다(요 1:12).

그러므로 성도들에게는 성도들만 할 수 있는 것이 있습니다.
이것을 성도의 특권이라고 합니다. 성도이면 성도의 특권을 받
아 누려야 합니다. 동시에 성도다운 삶을 살아야 합니다. 성도
답지 못한 모습으로 하나님의 영광을 가리는 사람들이 있습니
다. 그러나 성도가 성도답게 살면 하나님께 영광을 돌리게 됩니
다. 사람들에게 선한 영향력을 미칠 수 있습니다.

한국교회를 향해 대놓고 욕하는 사람들이 있습니다. 물론 한
국교회의 부정적인 면만 보고 부정적으로만 평가하는 것은 문
제의 소지가 있습니다. 그러나 이것은 성도다운 삶을 살지 못했
던 한국교회에 대한 평가입니다. 삶의 결과입니다.

　　　　　　　　　회복은 생명입니다(下)

신약 성경을 보면 성도란 단어가 61회 사용되고 있습니다. 성경에서 말하는 성도는 천주교의 성인 칭호를 받은 사람을 가리키는 것이 아닙니다. 흔히 말하는 세계 4대 성인을 지칭하는 것도 아닙니다. 그렇다고 신적 인품과 능력에 도달한 사람이나 영원히 추앙받는 기독교 영웅들을 의미하는 것도 아닙니다.

성도는 믿음으로 의롭게 된 사람입니다. 예수 그리스도를 구주로 믿는 모든 사람을 성도라고 합니다. 성도가 된 것이 중요하지만 성도라면 성도다운 삶, 성도답게 사는 것이 더 중요합니다.

가정에서는 엄마답고 아빠다워야 합니다. 아이답고 어른다워야 합니다. 학생답고, 선생님답고, 대통령다워야 하는 것처럼 신앙인이면 하나님 앞과 사람들 앞에서 성도답게 살아야 합니다.

답지 못한 것을 볼 때가 많습니다. 답다는 말은 존재의 주체성 또는 특성이 그대로 살아 있다는 말입니다. 어떤 신분을 가졌든지 신분에 맞는 삶을 사는 것이 중요합니다.

1. 세월을 아끼라

16절을 보면 "세월을 아끼라 때가 악하니라"고 하였습니다. 여기서 '악하다'는 말은 여러 가지 의미를 포함하고 있습니

다. '때가 점점 타락해 간다. 무가치해진다. 흉악하여 간다'는
것입니다. 시간적으로 보면 촉박하고 긴박한 순간을 말합니다.
19세기 러시아 문학의 거장으로 현재까지 회자되고 있는 소설
가이며 사상가인 톨스토이는 이런 말을 했습니다.

"우리들이 이 세상에 살고 있는 것이 아니라 이 세상은 지나
가고 있다."

우리는 이 세상의 나그네입니다. 이 세상은 점점 선해 가는
것이 아니라 갈수록 악해지고 있습니다. 그리하여 하나님의 창
조 원리를 변칙시키고 있습니다. 아름다운 자연을 파괴하고 오
염시킬 뿐 아니라 기본적인 하나님의 질서마저도 파괴하는 악
한 세상입니다.

악한 세상이기에 성도라면 세월을 아껴야 합니다. 세월을 아
끼라는 말은 돈을 주고 시간을 사라는 것입니다. 시간은 하나
님께서 주신 선물이기에 하나님의 뜻에 따라 사용하고 하나님
이 기뻐하시는 일에 시간을 선용해야 합니다.

세월을 아껴야 될 이유는 무엇일까요? 때가 악하기 때문입니
다. 주의 뜻을 이해하기 위해서입니다. 성령 충만을 지속하기
위해서입니다.

돈을 벌기 위해 아들 삼 형제를 두고 먼 곳으로 아버지는 떠

나갔습니다. 수십 년을 노력한 끝에 큰 부자가 되어 집에 돌아온 아버지는 삼 형제에게 이렇게 말했습니다.

"너희들과 함께하지 못해서 항상 미안한 마음뿐이었다. 지금이라도 아버지로서 너희들이 원하는 것을 해 주고 싶다."

아버지의 말씀이 떨어지자마자 첫째 아들은 사소한 일로 다투고 헤어진 친구와의 우정을 되찾고 싶다고 말했습니다. 그러자 아버지는 "염려하지 말거라. 헤어진 친구가 돌아오도록 도와주겠다"라고 대답했습니다.
둘째는 며칠 전 강도를 만나 모든 것을 잃었다며 돈을 달라고 했습니다. 아버지는 둘째가 빼앗긴 것보다 더 많은 돈을 줄 테니 염려하지 말라고 했습니다.
셋째가 말했습니다.

"아버지, 저는 아버지가 떠난 뒤 허랑방탕하게 지냈습니다. 제가 흘려버린 그 시간을 되찾고 싶습니다."

셋째 아들의 말을 듣는 아버지의 얼굴은 순식간에 굳어졌습니다.

"얘야, 생각해 봐라. 죽어가는 사람이 내 인생에서 10분만 빌려달라고 요구한다면 이를 들어줄 수 있겠니? 도와주지 못해 참으로 미안하구나."

여러분, 한 번 지나간 시간은 다시 돌아오지 않습니다. 하나님께서 주신 시간을 건강하고 의미 있게 사용해야 합니다. 때를 선용하는 것이 지혜롭고 세월을 아끼는 것입니다.

세계 2차 대전 때 영국 런던에 있는 대형 백화점을 독일이 폭격을 해서 출입문이 파괴되었습니다. 사장은 파괴된 출입문을 수리하도록 했는데 소식을 들은 사장 친구가 찾아와서 마음이 얼마나 상했냐고 하면서 "힘을 내서 복구하면 더 복이 될 거야"라고 위로했습니다. 그러자 사장은 친구가 폭격을 당했는데, 무엇이 복이냐고 물었더니 "출입문이 좁아서 불편했는데 독일 폭격기가 폭격해져서 문이 넓어졌잖은가! 그래서 수리를 하면 좁은 문이 넓어져서 사람들이 잘 출입할 수 있지 않은가! 그래서 내가 복이라고 한 것이네"라고 했습니다. 사장은 일어난 환경이 불행했지만, 기회를 선용했습니다.

시간을 하나님 뜻에 맞게 선용해야 합니다. 시간을 선용해야 될 가장 바른 방법은 주일을 하나님의 날임을 알고 성수 주일 하는 것입니다. 그리고 게으르지 말고 부지런해야 합니다. 자기

 회복은 생명입니다(下)

가 해야 할 일에는 책임을 완수해야 합니다.

여러분, 성도다움이란 세월을 아끼는 것입니다. 주어진 기회를 선용하는 것입니다. 시간을 선용하며 사시기를 축원합니다.

2. 성령 충만을 받으라

18절을 보면 "술 취하지 말라 이는 방탕한 것이니 오직 성령으로 충만함을 받으라"고 하였습니다.

성도다움이란 세월을 아끼고 성령으로 충만해지는 것입니다. 문학 평론가 존 러스킨(John Ruskin)은 "인생은 흘러가는 것이 아니라 채워지는 것이다. 우리는 하루하루 보내는 것이 아니라 내가 가진 무엇으로 채워가는 것이다"라고 했습니다.

여러분은 무엇으로 채워가고 있습니까?

경제협력개발기구(OECD)에서 우리나라가 청소년 흡연율, 교통사고 사망률, 낙태율, 독주 소비량, 양주 소비량에서 1위를 차지했습니다.

18절은 술 취하지 말라고 시작합니다. 세상에 기쁨과 쾌락 연락을 가져다주는 대표적인 것이 술 취함이기 때문에 술 취하지 말라고 했습니다. 술 때문에 인생을 망치는 사람들은 얼마든지 있습니다. 폐인이 되어 아무것도 못하는 사람, 중풍이 젊을 때 찾아와 어려움을 겪는 사람이 있습니다.

신장과 간이 좋지 않아 유명을 달리하는 이유를 들어보면 술 취함의 결과입니다. 그래서 성경은 "술 취하지 말라 이는 방탕한 것이니 오직 성령으로 충만함을 받으라"고 했습니다. 사람은 세 종류로 구분됩니다.

① 육에 속한 사람
② 육신에 속한 사람
③ 영에 속한 사람

영에 속한 사람은 신령한 사람입니다. 신령한 사람은 성령 충만한 사람입니다. 성령 충만한 사람은 성령의 인도함을 받습니다. 세상에는 돈으로 충만하려는 사람, 지식으로 충만한 사람, 명예로 넘쳐나는 사람도 있지만, 성도다운 신앙인이 되려면 성령 충만해야 합니다. 성령 충만한 상태는 다음과 같습니다

① 성령께서 성도를 완전히 지배하는 상태
② 성령에 완전히 감동되는 것
③ 삶 전체가 전적으로 하나님의 지도 아래 있게 된 상태
④ 신앙인에게 주어지는 성령의 감화와 인도와 역사의 충만함

성령 충만을 받는 방법은 무엇일까요? 누가복음 11장 13절 하반절을 보면 "너희 하늘 아버지께서 구하는 자에게 성령을 주시지 않겠느냐 하시니라"고 했습니다. 사도행전 1장 4~5절을 보면 "사도들과 함께 모이사 그들에게 분부하여 이르시되 예루살렘을 떠나지 말고 내게서 들은바 아버지께서 약속하신 것을 기다리라 요한은 물로 세례를 베풀었으나 너희는 몇 날이 못 되어 성령으로 세례를 받으리라 하셨느니라"고 하였습니다.

성령 받기 위해 기도해야 합니다. 성령은 한 번 받는 것으로 끝나면 안 됩니다. 날마다 성령 충만해야 합니다. 술 취하면 방탕하게 되지만 성령 충만하면 시와 찬미와 신령한 노래를 부르기를 좋아합니다.

성령 충만하면 나타나는 현상이 있습니다. 기쁩니다. 성령의 능력이 나타납니다. 영적인 힘을 얻습니다. 어둠의 권세인 사탄을 대적하여 승리하게 됩니다. 하나님의 능력을 체험하므로 힘을 얻어 하나님의 일꾼으로 헌신하게 됩니다. 삶이 거룩하게 되는 것도 성령 충만입니다. 무엇보다 성령 충만을 받고 사시기를 축원합니다.

3. 항상 아버지 하나님께 감사하며

20절을 보면 "범사에 우리 주 예수 그리스도의 이름으로 항상 아버지 하나님께 감사하며”라고 하였습니다.

신앙인이면 무엇보다 ‘성도다움’을 회복해야 합니다. 성도다운 삶은 세월을 아끼고 성령으로 충만하고 항상 아버지 하나님께 감사하는 것입니다. 누구든지 좋은 조건과 좋은 환경과 하나님께서 주시는 복을 생각하면 감사할 수 있습니다.

이사야서 40장 29절 이하를 보면 “피곤한 자에게는 능력을 주시며 무능한 자에게는 힘을 더 하시나니 소년이라도 피곤하며 장정이라도 넘어지며 자빠지되 오직 여호와를 앙망하는 자는 새 힘을 얻으리니 독수리에 날개치며 올라감 같을 것이요 달음박질하여도 곤비치 아니하겠고 걸어가도 피곤치 아니리로다”라고 했습니다.

힘이 되신 하나님께는 누구나 감사하게 됩니다. 보호자가 되시는 하나님, 기도 응답자가 되시는 하나님께는 누구나 감사할 수 있습니다. 그러나 하나님께 감사하는 성도는 범사에 감사해야 합니다. 항상 감사해야 합니다.

영국의 침례교 목사이며 ‘설교의 황태자’라는 별명을 가졌던 스펄전 목사는 지방을 여행하다가 예배 시간이 되어 가까이 있는 작은 교회를 찾아가 예배를 드리게 되었습니다. 작은 교회 목사님의 설교였지만 얼마나 은혜가 넘쳤는지 스펄전 목사는 눈물을 흘리면서 설교를 들었습니다. 예배가 끝나고 스펄전 목사는 목사님을 찾아가서 설교에 많은 은혜를 받았다고 인사를 했습니다.

그러자 목사님이 누구시냐고 묻길래 스펄전 목사는 자기가 런던 뉴파크 교회의 담임 목사인 스펄전이라고 대답했습니다. 스펄전 목사라는 말을 듣고 목사님은 깜짝 놀라면서 용서를 구하는 것입니다. 그 이유는 그날 설교는 스펄전 목사님의 설교집을 보고서 그대로 한 것이었기 때문입니다.

목사님의 말을 듣고 스펄전 목사는 더욱 눈물을 흘리면서 목사님의 손을 붙잡고 "하나님, 감사합니다. 제가 만든 빵을 오늘 다른 사람을 통해서 내게 또 먹여주시니 정말 감사합니다"라며 감사 기도를 드렸습니다.

하나님의 은혜를 체험하고 감격한 신앙인은 범사에 감사합니다. 어떤 상황에서도 감사합니다. 신앙인의 아름다운 모습은 감사하는 마음을 가질 때와 대접하려는 마음을 가질 때와 헌신할 때입니다.

로마서 1장 21절을 보면 "하나님을 알되 하나님으로 영화롭게도 아니하며 감사치도 아니하고 오히려 그 생각이 허망하여지며 미련한 것이 어두워졌나니"라고 했습니다. 감사할 줄 모르는 자들은 마음의 정욕대로 더러움에 내어버려 두어서 저희 몸을 욕되게 합니다.

세상의 모든 악한 일들은 하나님께 감사를 드리지 않는 자들을 하나님께서 내어버려 두기에 이런 현상들이 일어난다는 것입니다. 우리 인생이 가져야 될 가장 기본적인 것은 감사이며 하나님께 감사드리는 것은 죄악에 빠지지 않고 선하게 사는 길입니다. 성도로서 성도다운 삶을 사는 것은 신앙인이 회복해야 할 급선무입니다. 성도다운 삶을 회복하고 사는 성도가 되시기를 축원합니다.

44

하나님 자녀의 권세

"참 빛 곧 세상에 와서 각 사람에게 비추는 빛이 있었나니 그가 세상에 계셨으며 세상은 그로 말미암아 지은 바 되었으되 세상이 그를 알지 못하였고 자기 땅에 오매 자기 백성이 영접하지 아니하였으나 영접하는 자 곧 그 이름을 믿는 자들에게는 하나님의 자녀가 되는 권세를 주셨으니 이는 혈통으로나 육정으로나 사람의 뜻으로 나지 아니하고 오직 하나님께로부터 난 자들이니라"(요 1:9~13).

석유 사업으로 많은 재산을 모아 역대 세계 최고의 부자로 빌 게이츠보다 더 부자였던 록펠러(Rockefeller)는 성경을 읽다가 "주라 그리하면 너희에게 줄 것이니 곧 후히 되어 누르고 흔들어 넘치도록 하여 너희에게 안겨 주리라"(눅 6:38)는 말씀을 읽고 록펠러 재단을 설립하여 자선센터를 만들었습니다. 그 자선센터를 통해 세계에서 가장 기부를 많이 하는 기부왕이 되었습니다.

세계 최고의 부자, 최고의 기부왕이 한 호텔에 나타나자 지배인이 깜짝 놀라며 정중히 맞이했고 호텔 사장도 연락을 받고 황급히 달려왔습니다. 그러자 록펠러가 "이 호텔에서 제일 싼 방 하나만 주세요"라고 했습니다. 지배인은 난처한 표정으로 이렇게 말했습니다.

"회장님, 지금 아드님께서 특실에 머물고 계십니다. 회장님께서는 최소한 아드님과 같은 급의 객실을 사용하셔야지요."
"그렇습니까? 내 아들이 사용하는 방은 1박에 얼마입니까?"
"5,000달러(650만 원)입니다. 가장 싼 방은 33달러(5만 원)입니다."
"그럼 저는 33달러짜리 객실로 하겠습니다."
"회장님, 그래도 그렇지..."

그러자 록펠러가 빙그레 웃으며 이렇게 대답했었습니다.

"신경 쓰지 마세요. 내아들이야, 세계 최고 갑부 아버지를 둔 놈이니 최고 비싼 객실을 잡는 게 당연하지만, 나야 가난뱅이 아버지를 둔 사람이니 33달러짜리도 과분하지요."

여러분은 어떻게 생각하십니까? 소탈한 면모를 보여 주는 일

화이지만 맞는 말이 아닙니까? 아버지가 부자이고 잘살면 자녀는 당연히 그 혜택을 누립니다. 사실 어떤 부모를 만나느냐가 인생의 행복과 불행을 좌우합니다.

그러나 문제는 모든 사람이 부자 부모, 행복한 부모, 인격적인 부모를 만나고 싶어도 마음대로 되지 않습니다. 자식에게는 부모를 선택할 수 없는 한계가 있습니다. 이것이 인생의 비극일 수 있습니다. 세상에서 자녀로 태어나면 자녀가 되고 양자로 들어가서 자녀의 대우를 받기도 합니다.

그렇다면 하나님의 자녀가 되는 방법은 무엇입니까? 요한복음 1장 12절을 보면 "영접하는 자 곧 그 이름을 믿는 자들에게는 하나님의 자녀가 되는 권세를 주셨으니"라고 하였습니다.

하나님의 자녀는 혈통으로 되는 것이 아닙니다. 이스라엘 백성이라고 다 하나님의 자녀가 되는 것도 아닙니다. 영접하는 자 그 이름을 믿는 자가 하나님의 자녀가 되는 방법입니다. 여기 영접이라는 말과 믿는 자라는 말은 같은 의미입니다. 누구든지 예수를 믿음으로 하나님의 자녀가 됩니다. 자녀이면 자녀답게 살아야 합니다.

프랑스 혁명은 1789년부터 1799년까지 진행된 시민혁명입니다. 민중들은 심각한 경제난과 부패한 부르봉 왕조를 무너뜨리고 프랑스의 사회, 정치, 사법, 종교적 구조를 크게 바꾸어 놓았습니다.

그때 시민들은 루이 16세와 왕비가 시민광장에 단두대의 이슬로 사라져야 한다고, 죽여야 한다고 소리쳤습니다. 당시 왕자는 6살밖에 안 된 꼬마였는데, 한 사람이 이렇게 제안했습니다.

"왕자를 죽이는 것이 능사가 아닙니다. 왕자를 더러운 뒷골목 늙은 마녀에게 주어서 더러운 말과 행동을 배우게 합시다."

그래서 뒷골목 악녀는 왕자에게 더러운 말을 가르쳤습니다. 그러나 어린 왕자는 주먹을 불끈 쥐고 "그따위 더러운 말을 할 수 없습니다. 왕자의 신분에 어긋나는, 왕가의 법도에 어울리지 않는 더러운 말이나 행동을 할 수 없습니다"라고 소리쳤습니다.

그렇다면 저와 여러분은 전지전능하시고 만왕의 왕이신 하나님의 자녀입니까? 하나님의 자녀 된 우리는 하나님의 법도를 따라 살아야 합니다. 세상에는 하나님의 자녀이면서 자녀권을 무너뜨리는 사람들이 많습니다. 어떤 사람이 하나님의 자녀권을 무너뜨릴까요?

① 하나님을 알지만 영화롭게도 아니하고 감사치도 않는다고 했습니다. 하나님의 은혜를 생각하면 감사하지 않을 수 없습니다. 예수 믿는 신앙인은 하나님께 영광 돌리며 사는

　　　　　　　　　　　　　회복은 생명입니다(下)

것이 사람 된 첫 번째 목적입니다.

② 끝없는 탐욕과 이생의 자랑입니다. 골로새서 3장 5절을 보면 "땅에 있는 지체를 죽이라"고 했습니다. 이런 것들로 인해 하나님의 진노가 임한다고 했습니다.

③ 죄의 결과는 사망입니다. 죄는 사망이고 하나님의 은사는 영생입니다(롬 6:23).

여러분, 우리는 예수를 믿으므로 하나님의 자녀가 되었습니다. 그렇다면 자녀의 권세를 누리고 살아야 합니다.

1. 구하라 그리하면 너희에게 주실 것이요

마태복음 7장 7절을 보면 "구하라 그리하면 너희에게 주실 것이요 찾으라 그리하면 찾아낼 것이요 문을 두드리라 그리하면 너희에게 열릴 것이니"라고 하였습니다.

신구약 성경에는 기도 응답의 약속으로 가득합니다. 하나님의 약속에 말씀을 믿고 기도하시기 바랍니다. 요한복음 15장을 보면 기도 응답의 조건을 말씀하고 있습니다.

첫째 조건은 "너희가 내 안에 거하라"입니다. 우리가 예수 안에 거하는 방법은 예수를 믿는 것과 하나님의 말씀을 지키는 것입니다. 예수님을 믿고 하나님의 말씀을 지키면서 기도하면 응답해 주신다는 말씀입니다.

누가복음 15장을 보면 탕자의 비유가 있는데, 탕자인 둘째 아들이 아버지 집에 있을 때는 모든 것이 풍족했습니다. 그러나 아버지 집을 떠나자, 모든 것이 부족했습니다. 거지가 되었고 돼지치기가 되었고 그야말로 사람 꼴이 아니었습니다.

사람들이 어렵고 힘들 때는 하나님을 찾고 기도합니다. 그러나 살만하면 인생을 즐기려고 합니다. 예수 안에서 즐기려는 것이 아니라 예수 밖에서 세상적인 방법으로 즐기려고 합니다.

이렇게 되면 영성이 말라버립니다. 삶의 의욕과 용기와 비전도 말라버립니다. 결국 폐인처럼 됩니다. 여러분 영적인 공급이 끊어지는 것, 하나님과의 영적인 교제가 끊어지는 것, 이것은 한마디로 비참입니다. 절망입니다. 예수 안에 거하시기를 바랍니다.

둘째 조건은 요한복음 15장 7절입니다. "내 말이 너의 안에 거하면."

예수님의 말씀이 기도하는 사람의 마음속에 있어야 합니다. 이 말씀은 기도가 예수님의 말씀에 부합해야 한다는 뜻입니다. 예수님과 생명으로 교통하는 자는 구하는 것을 다 받는다는 것입니다. 그러나 마음에 의심이 들어오면 안 됩니다. 의심은 기도응답의 방해물입니다. 의심을 물리치는 방법은 입술로 고백하고 찬양과 감사를 드리는 것입니다.

셋째 조건은 "무엇이든지 원하는 대로 구하라 그리하면 이루리라"(7절 하반절).

우리는 이 말씀을 우리 삶에 너무 쉽게 적용하려고 합니다. '그렇다면 기독교인들이 수십 년째 남북통일을 위해 기도했는데 왜 아직 이루어지지 않지. 구하면 자판기처럼 바로바로 얻을 수 있어야지!'라는 생각을 합니다.

아닙니다. 이 말씀은 전제가 붙어 있습니다. "너희가 내 안에 거하고 내 말이 너희 안에 거하면" 무엇이든지 구하라는 것입니다. 기도응답도 하나님과 우리와의 관계가 전제되어야 한다는 것입니다. 분명한 것은 하나님의 자녀인 우리들에게는 기도의 특권이 주어져 있다는 것입니다.

2. 찬송함으로 그의 궁정에 들어가서

시편 100편 4절을 보면 "감사함으로 그의 문에 들어가며 찬송함으로 그의 궁정에 들어가서 그에게 감사하며 그의 이름을 송축할지어다"라고 하였습니다.

찬양은 성도들의 영적인 생명에서 최고의 표현입니다. 하나님의 자녀들이 하는 일 가운데 가장 높은 것이 찬양입니다. 하늘 보좌는 우주 가운데 하나님께서 계신 가장 높은 곳입니다. 하나님은 이스라엘의 찬양 위에 좌정하고 계십니다. 하나님 자신과 이름은 찬양으로 인하여 높아집니다.

다윗은 하루에 세 번 하나님께 기도하라고 했습니다(시 55:17). 찬양은 하루에 일곱 번씩 하라고 했습니다(시 119:164). 신앙인이라면 하나님께 기도해야 하지만 기도로만 끝나면 안 됩니다. 찬양해야 합니다.

다윗은 하나님의 은혜를 체험했습니다. 그래서 하루에 7번씩 하나님을 찬양했습니다. 기도의 가장 높은 정점은 찬양입니다. 그래서 기도로 끝나지 말고 찬양으로 전진해야 합니다. 찬양은 찬양으로 끝나지 않고 능력으로 응답됩니다.

구하기 전에, 간청하기 전에 먼저 하나님께로부터 받은 것을 생각하며 감사해야 합니다. 감사할 뿐 아니라 하나님을 찬양하면서 하나님께 나아가야 합니다. 찬양은 하나님 앞에 나가게 합니다. 찬양은 마귀를 쫓는 무기입니다.

이스라엘의 초대 왕 사울은 악신에 잡혀 고통을 당했습니다. 그때 다윗이 수금을 타면 악신이 떠나갔습니다. 세속적인 광란의 노래는 악령을 불러오고 아름답고 경건한 찬양을 부르면 천사들이 내려오고 하나님의 성령이 임합니다.

1970년 덴버 포스트지에서 실험을 한 것을 발표했습니다. 음악과 식물의 성장 속도를 실험한 것입니다.

3개의 방을 만들었습니다. 첫째 방에는 팝 음악, 요란스러운 음악을 틀어놓고 그 방에 식물을 넣었습니다. 둘째 방에는 아무 소리도 내지 않고 식물만 넣었습니다. 셋째 방에는 조용하고 경건한 음악을 틀어놓고 식물을 넣었습니다.

얼마의 시간이 지난 후 식물의 성장 속도를 비교해 보니깐 팝음악이 나온 방에서 자란 식물은 약 3~6cm가 자랐고, 뿌리는 약했고, 줄기는 스피커 반대편으로 굽어 있었습니다. 아무 소리도 나지 않는 방에서 자란 신문은 46cm가 자라고 뿌리가 길고 털이 많았으며 줄기는 곧게 자랐습니다.

그리고 조용하고 경건한 음악을 들으면서 자란 식물은 51cm까지 성장했으며, 뿌리와 줄기는 아주 튼튼하게 자랐습니다. 식물은 스피커를 향하여 더 소리를 들으려고 귀를 기울이고 있었다는 것입니다.

여러분, 우리가 부르는 노래가 우리 삶에 치명적인 영향을 미친다는 사실을 기억하고 경건하고 아름다운 노래로 하나님을 찬양하므로 여러분의 심령을 살려가시기를 바랍니다. 특히 찬양은 하나님을 존중히 여기고 영화롭게 하는 행위입니다. 찬양에는 놀라운 능력이 나타납니다.

여호사밧 왕 때 모압과 암몬과 세일 산 거민들이 연합하여 쳐들어오자, 유다는 풍전 등하와 같았습니다. 이때 여호사밧 왕은 하나님께 기도했습니다. 그러자 하나님께서 야하시엘 선지자를 통해 알려주셨습니다. 전쟁은 하나님께 속한 것이니 나와서 싸울 필요가 없고 항오를 지어 마주 나가라고 하셨습니다.

여호사밧 왕은 성가대를 준비하여 군대 앞에 세워 하나님을 찬양했습니다. 그러자 하나님께서 개입하셔서 자중지란이 일어나 적군은 모두 전멸되고 말았습니다.

여러분 앞에 산이 놓여 있습니까? 홍해가 놓여 있습니까? 염려하지 말고 하나님을 의지하며 찬송하시기를 바랍니다. 우리가 찬양할 이유는 무엇입니까? 하나님께서 계시기 때문입니다. 하나님과의 관계 때문입니다.

하나님은 우리를 지으셨고 우린 하나님의 것이며 하나님의 백성입니다. 우리는 하나님께서 기르시는 양입니다. 하나님의 인자하신 성품 때문에도 하나님께 감사하고 찬양해야 합니다.

3. 그가 증언하러 왔으니

요한복음 1장 7절을 보면 "그가 증언하러 왔으니 곧 빛에 대하여 증언하고 모든 사람이 자기로 말미암아 믿게 하려 함이라"고 하였습니다.

그가 증언하러 왔다는 것은 세례 요한의 사명입니다. 세례 요한의 사명은 증거하는 데 있습니다. 그의 탄생과 광야에서의 금욕과 그가 외친 내용도 전부 증거였습니다. 예수님은 제자들에게 "너희는 가서 모든 민족으로 제자를 삼아"(마 28:29)라고 하셨고 바울은 사도행전 20장 24절에서 "내가 달려갈 길과 주 예수께 받은 사명 곧 하나님의 은혜의 복음을 증언하는 일을 마치려 함에는 나의 생명조차 조금도 귀한 것으로 여기지 아니하노라"고 했습니다.

세례 요한이나 바울뿐만 아니라 예수 믿는 모든 신앙인에게는 사명이 있습니다. 사명을 발견하고 사명에 충성해야 합니다. 언젠가는 우리가 다 하나님 앞에 설 텐데 하나님께서 우리를 보시는 것은 다른 것이 아닙니다. '사명을 감당하고 왔는가, 사명에 충성했는가'를 보실 것입니다.

그래서 신실한 신앙인들은 사명에 목숨 걸고 살았습니다. 여러분들도 사명에 충성해야 합니다. 각자에게 사명이 있습니다. 모든 신앙인에게 같이 주어진 사명이 있습니다. 그것은 예수님을 증언하는 것입니다. 예수님을 전하는 것입니다.

한국판 쇼 생크 탈출로 불리는 희대의 탈옥수이며 탈옥한 후에도 무려 907일 동안 잡히지 않고 지내다가 1999년 7월 16일 한 시민의 제보에 의해 체포가 된 사람이 신창원입니다.

이 신창원 씨가 예수님을 믿게 된 결정적인 계기가 있습니다. 탈옥해서 쫓기고 있던 어느 날 밤에 한 집에 들어갔는데 처녀가 혼자 사는 집이었습니다. 순간적인 욕정으로 그 여인을 범했는데 그 순간 굉장한 죄책감이 몰려왔답니다. 그 여인은 처녀였고 더구나 눈이 얼마나 순진하게 생겼는지 자신이 한 여인의 인생을 망쳤다는 자책이 되더랍니다.

그런데 그 여인은 신창원 씨의 옷이 더러워진 것을 보고 빨아주겠다고 하고 3일 동안 밥을 못 먹었다는 것을 알고 밥상을 차려주었습니다. 신창원 씨는 너무 미안한 마음에 여인을 밖으로 밀어내면서 꼼짝하지 않고 여기 있을 테니 경찰에게 신고하라고 했습니다. 신고하면 수천만 원의 현상금을 받을 수 있다고 말해주었습니다. 그러나 잠시 후 여인은 그냥 들어와서 이렇게 말합니다.

"아저씨, 내가 신고할 사람처럼 보여요? 대신 부탁이 있어요. 아저씨도 예수 믿으세요!"

여러분 자신의 일생을 망가뜨린 사람을 신고하면 보복도 하고 현상금도 받을 수 있을 것인데 다 포기하고 그 순간에 전도한 여인은 전도의 사명감을 가진 여인입니다. 하나님의 자녀는 기도와 찬양과 사명의 권세를 누리고 살아야 합니다. 이 권세를 상실하셨다면 회복하는 성도가 되시기를 바랍니다.

회복은 생명입니다(下)

45

구원의 즐거움

"하나님이여 내 속에 정한 마음을 창조하시고 내 안에 정직한 영을 새롭게 하소서 나를 주 앞에서 쫓아내지 마시며 주의 성령을 내게서 거두지 마소서 주의 구원의 즐거움을 내게 회복시켜 주시고 자원하는 심령을 주사 나를 붙드소서 그리하면 내가 범죄자에게 주의 도를 가르치리니 죄인들이 주께 돌아오리이다 하나님이여 나의 구원의 하나님이여 피 흘린 죄에서 나를 건지소서 내 혀가 주의 의를 높이 노래하리이다"(시 51:10~14).

중세시대 기독교는 인생의 낙을 누리는 것을 죄악이라고 생각했습니다. 그래서 철저하게 금욕 생활을 하면서 하나님 나라의 합당한 삶을 살아야 한다고 생각했습니다. 그래서 중세 시대에는 수많은 성자가 탄생했고 금욕 생활에 얽힌 재미있는 에피소드들이 전해지고 있습니다.

수도원을 중심으로 이루어졌던 금욕 생활은 기독교인들이

절제 생활을 하게 했고 기독교를 순수하게 이끌어 나갈 수 있도록 만든 긍정적인 면이 있습니다. 반면에 지나친 금욕주의로 말미암아 기독교 전체를 우울한 종교로 만든 잘못도 있습니다.

그래서 현재도 기독교를 잘 모르는 사람들은 신앙은 재미없고 즐겁지 않은 것으로 여기고 있습니다. 예수 믿으라고 전도하면 재미있는 세상을 좀 더 즐기다가 재미없어질 때 예수 믿겠다고 말하는 사람들도 있습니다.

황제와 거지 이야기가 중국에서 전해지고 있습니다. 황제는 밤만 되면 거지가 되는 꿈을 꿉니다. 꿈속에서 거지가 되어 온갖 괴로움과 고통을 당하면서 지옥보다 더 불행한 밤을 보냅니다.

황제는 밤이 오는 것이 두려워서 낮에도 초조하고 불안해할 수밖에 없었습니다. 그래서 하루 24시간, 1년 365일, 평생을 지옥 같은 삶을 살고 있습니다. 그러니 황제라는 지위가 무슨 의미가 있겠습니까?

한편 거지는 밤만 되면 황제가 되는 꿈을 꾸었습니다. 온갖 부귀영화를 누리면서 즐겁게 사는 꿈을 꿉니다. 황궁 근처에서 구걸하는 거지이지만, 자기에게 밀어닥치는 세파가 거세지만, 밤이 온다는 생각 때문에 전혀 고통을 느끼지 않았고 오히려 매 순간 기쁘고 즐겁게 살았다고 합니다. 황제는 거지처럼 살고, 거지는 황제처럼 살고 있다면 과연 누가 더 행복한 사람일까요? 당연히 거지입니다.

분명한 것은 황제나 거지뿐만 아니고 인간은 누구나 행복한 삶을 원합니다. 즐거운 인생을 원합니다. 즐겁게 사는 것은 육신의 삶에도 유익하고 질병 치료에도 탁월한 효과가 있다는 것은 과학적으로도 증명된 것입니다.

노만 카슨스(Norman Cousins)는 미국의 언론인이었다가 웃음 치료의 창시자가 된 사람입니다. 그는 50세에 뼈와 뼈 사이에 염증이 생겨서 뼈가 시멘트처럼 굳어서 결국 사망에 이르는 '강직성 척수염'에 걸렸는데 15분간 웃어서 통증이 사라지는 웃음 치료를 계속해서 완치되었습니다. 그 후 자신의 웃음 치료 경험을 바탕으로 "질병의 해부"라는 책을 쓰며 웃음은 '방탄조끼'라고 했습니다.

지금 우리나라는 초저출산 시대를 살고 있습니다. 어떤 전철 안내방송에서 이런 멘트가 나왔다고 합니다.

"저출산 시대에 임산부는 국가 유공자나 다름없습니다. 배가 쑥 나온 임산부에게 자리를 양보하여 애국심을 발휘하는 시민이 됩시다."

웃음이 임신 성공률을 높인다는 연구 결과도 있습니다. 시험관 시술을 받은 불임 여성 186명을 두 그룹으로 나누어 한 그

룹에만 웃음 치료를 제공했습니다. 그 결과 웃음 치료를 받지 않았던 그룹의 임신 성공률이 웃음 치료를 받은 그룹의 절반에 불과했다는 사실을 이스라엘 하로퍼 병원 연구팀이 밝혀냈습니다.

웃음이라는 것, 즐겁게 사는 것이 몸을 건강하게 하는 기적의 명약이라는 것입니다. 그런데 나이가 들수록 웃음이 사라진다는 것입니다. 갓난아기는 하루에 400회 이상, 6세 어린이는 하루에 300회 이상 웃는데, 성인이 되면 하루에 열 번 이하로 웃음이 줄어든다는 것입니다.

누구에게나 기쁨의 원인이 있습니다. 즐거움의 조건이 있습니다. 돈의 기쁨, 승진의 기쁨, 소원 성취의 기쁨 등 각자 다양한 즐거움이 있습니다. 그러나 믿음의 기쁨, 구원의 즐거움은 최고의 축복입니다. 그렇다면 구원의 즐거움은 어떻게 회복할까요?

1. 나를 주 앞에서 쫓아내지 마시며

11절을 보면 "나를 주 앞에서 쫓아내지 마시며 주의 성령을 내게서 거두지 마소서"라고 하였습니다.

다윗은 하나님께서 함께하실 때는 맹수들을 두려워하지 않았습니다. 사자와 곰도 두려워하지 않고 양들을 보호했습니다. 완전 무장한 골리앗도 때려눕히고 이스라엘을 구원했습니다.

회복은 생명입니다(下)

사울 왕에게 쫓기는 중에도 안전할 수 있었던 것은 하나님께서 함께하시는 은혜였습니다.

그러나 다윗이 우리아의 아내 밧세바를 범하고 우리아를 전쟁터 최전선에 내보내어 죽게 하자 기쁨이 사라졌습니다. 감사의 찬양과 영광스러운 예배도 되지 않았습니다. 이렇게 된 원인은 죄입니다.

하나님의 은혜가 임하면 하나님께서 함께하시고 성령의 역사가 일어납니다. 그러나 죄가 있으면 하나님의 은혜와 성령의 역사는 사라지고 영적인 침체가 옵니다. 그래서 다윗은 "나를 주 앞에서 쫓아내지 마시고"라고 기도한 것입니다.

다윗만 그런 것이 아니고 모든 사람은 죄인이고 죄의 삯은 사망입니다. 그러므로 누구든지 죄의 문제를 해결하는 것보다 급선무는 없습니다. 우리에게 가장 시급하고 큰 문제는 돈이 없어서 경제적으로 어려운 것이 아닙니다. 질병으로 건강하지 못한 것도 아닙니다. 환경적으로 고통당하는 것도 아닙니다. 사람과의 관계 속에서 당하는 관계 문제도 아닙니다. 과거의 상처가 해결되지 못한 것 때문도 아닙니다.

신앙인의 가장 본질적인 문제는 구원의 즐거움을 상실했다는 것입니다. 구원의 즐거움을 상실케 하는 가장 큰 요인은 바로 죄입니다.

인도의 정신적인 지도자였던 간디는 이런 말을 했습니다. "인도인은 결코 사악하지 않다. 오랜 역사와 고상한 성품을 지닌 민족이다. 외래인들이 우리를 죄인이라고 말하는 것을 결코 용납할 수 없다.”

간디는 산상수훈을 좋아했고 예수를 경애하기도 했습니다. 그러나 인간이 죄인이라는 생각에는 호감을 가지지 않았고 선교사들이 인도 사람들에게 죄인이라고 했을 때는 분노를 터트렸다고 합니다.

그러나 구원의 즐거움을 누리려면 먼저 죄를 깨닫고 인정하고 회개하고 용서를 받아야 합니다. 죄 때문에 하나님과의 관계, 인간과의 관계, 자연과의 관계도 깨어집니다. 죄 문제로 모든 문제가 발생하고 죄의 문제가 해결되면 인간의 갈등, 질병, 고통의 문제는 저절로 해결됩니다.

죄 가운데 있으면 하나님 앞에 설 수가 없습니다. 아담과 하와가 에덴에서 쫓겨난 것처럼 쫓겨나게 됩니다. 그러나 예수님께서 십자가에서 우리의 죄를 대속하기 위해 죽으셨기 때문에 우리가 회개하면 어떤 죄라도 용서받습니다.

예수를 믿기만 하면 원죄는 사함받습니다. 여러분, 죄의 문제를 해결하셔서 구원의 즐거움을 회복하고 사시기를 축원합니다.

회복은 생명입니다(下)

2. 주의 구원

12절을 보면 "주의 구원의 즐거움을 내게 회복시켜 주시고 자원하는 심령을 주사 나를 붙드소서"라고 하였습니다.

구원이란 죄와 지옥의 형벌에서 건짐을 받는 것입니다. 죗값은 사망이라고 했는데 사망은 육체뿐이 아니고 영원한 죽음인 지옥을 말합니다. 지옥은 인간의 힘이나 능력으로는 피할 방법이 없습니다.

예수를 믿는 우리가 받은 가장 큰 은혜는 구원입니다. 만일 하나님께서 죄인인 우리를 구원하시는 방법을 인간의 선행이나 공로로 정하셨다면 세상에 구원받을 인간은 한 사람도 없었을 것입니다.

그러나 하나님은 인간을 구원하시는 방법을 믿음으로 정하셨습니다. 그 믿음도 내가 믿는 것이 아닙니다. 우리 속에 성령께서 역사하시므로 믿음이 생기는 것입니다. 믿고 싶다고 믿음이 생기는 것이 아닙니다. 하나님의 은혜와 성령의 역사로 믿게 되는 것입니다.

여러분 구원 받으셨습니까? 구원받았다면 구원받은 증거가 있습니다. 구원받은 증거는 기쁨입니다. 즐거움입니다. 구원받은 증거로 나타난 기쁨과 즐거움은 세상에서 얻는 기쁨과 즐거움과는 근본적으로 다릅니다. 이 기쁨과 즐거움은 창세 전부터 있었던 천국의 기쁨, 영원한 기쁨, 하나님의 기쁨입니다. 이

기쁨과 즐거움을 소유하면 죄악과 세상을 이깁니다. 환경도 뛰어넘습니다.

우리나라에 선교사들이 들어와 복음을 전할 때 일입니다. 동네마다 전염병이 돌기 시작하여 많은 사람이 죽었습니다. 그때 미국에서는 페니실린이라는 항생제가 큰 효과를 보고 있었습니다.

어떤 농부가 선교사를 찾아와서 전염병에 걸렸으니 약을 팔라고 했습니다. 선교사는 페니실린을 주면서 "이 약은 아주 좋은 항생제이기 때문에 곧 치료될 것입니다"라고 말했습니다. 농부는 좋은 약이니 비쌀 것이라고 생각하고 값을 물었습니다. 그러자 선교사는 무료로 주는 것이니 그냥 가져가서 드시고 속히 건강을 회복하라고 말했습니다.

농부는 고맙다고 인사를 하고 집에서 나왔지만, '그처럼 좋은 약이라면 비싸야 할 것인데 무료로 주는 것을 보면 효력이 없는 약이겠지'라는 생각을 했습니다. 선교사가 창문으로 보니 농부가 약을 땅에 던지며 발로 문질러 버리더라는 것입니다. 무서운 전염병에서 구원받을 수 있는 기회를 상실하고만 미련한 농부입니다.

구원도 마찬가지입니다. '구원받으려면 선한 일을 하거나 공로가 있어야지. 무언가 대가를 지불해야지'라는 생각을 하며 은혜라고 거져 준다는 것은 잘 이해하지 못합니다.

에베소서 2장 8절을 보세요 "너희는 그 은혜에 의하여 믿음으로 말미암아 구원을 받았으니 이것은 너희에게서 난 것이 아니요 하나님의 선물이라."

시편 32편 3절을 보면 "내가 입을 열지 아니할 때에 종일 신음하므로 내 뼈가 쇠하였도다"라고 했습니다.

다윗이 죄를 품고 있을 때 죄의 고통으로 종일 신음했습니다. 그 신음으로 뼈까지 쇠하여졌다고 했습니다. 그러니 죄인에게 무슨 기쁨이 있고 구원의 즐거움이 있겠습니까?

여러분, 구원의 기쁨과 즐거움이 있으십니까? 사라졌다면 죄가 내 안에 계신 성령님을 근심시킬 뿐 아니라 자신의 영혼을 짓누르고 있다는 것입니다. 다윗이 구원의 즐거움을 상실하고 죄를 회개한 후 제일 먼저 주의 구원의 즐거움을 회복시킨 것처럼 구원의 즐거움을 회복하고 사시기를 바랍니다.

3. 구원의 즐거움을 회복시키소서

12절 상반절에서 "주의 구원의 즐거움을 내게 회복시켜 주시고"라고 기도했습니다.

다윗은 범죄하므로 평안과 소망과 즐거움과 은혜를 상실하고 영적인 침체에 빠졌습니다. 그래서 구원의 즐거움을 회복시켜 달라고 기도했습니다.

신앙생활의 최대 위기를 만나면 그 원인을 외부에서 찾는 사람들이 있습니다. 아닙니다. 신앙생활의 위기는 내부에 있습니다. 남이 문제가 아닙니다. 환경이 문제가 아닙니다. 자신이 문제입니다. 이것은 영적 불감증입니다.

구원의 감격, 신앙생활의 즐거움이 없다는 것은 영적인 감각이 사라진 것입니다. 그러나 구원의 즐거움은 능력입니다. 어려움을 극복하게 하는 능력, 가난을 극복하게 하는 능력, 실패를 성공으로 이끌어 주는 능력, 세상을 승리하며 살게하는 능력은 구원의 즐거움에서 나타나는 능력입니다. 어떤 능력일까요?

① "자원하는 심령을 주사"라고 12절 후반절에서 말씀하고 있습니다.

구원의 즐거움을 가진 성도는 자원하는 마음으로 교회에서 봉사합니다. 구원받은 감격이 너무 즐거워 주의 종의 길을 갑니다. 구원의 감격없이 재물을 드리고 착한 일을 하고 금식과 철야를 해서 하나님과 가까워지려고 하고, 아나니아와 삽비라처럼 '남들이 하니깐 나도 해야지'라는 마음은 오히려 시험에 들게 하고, 좋지 못한 결과를 가져옵니다. 구원받은 감격 속에서 즐거운 마음으로, 자원함으로 드리는 예물, 정성, 봉사를 하나님은 받으십니다. 자원함으로 섬기는 것은 능력입니다.

　　　　　　　　　　　　　회복은 생명입니다(下)

② 찬송이 입가에서 흘러 나와야 합니다.

찬송은 감사의 표시입니다. 구원받은 것을 감사하며 내 심령 속에서 울려 퍼지는 것이 찬송입니다. 바울이 전도하다가 옥에 갇혔습니다. 전도하다가 옥에 갇혔다면 하나님을 원망할 수도 있습니다. 그러나 바울과 실라는 전도하다가 옷이 찢기고 매를 맞고 옥에 갇혔지만, 누구를 원망하지 않았습니다. 오히려 한밤중에 하나님을 찬송했습니다. 그 결과 갑자기 큰 지진이 나서 옥토가 움직이고 문이 다 열렸습니다. 그 결과 놀라운 능력이 나타났습니다. 간수와 그의 가족까지 구원하게 된 것입니다.

③ 헌신하게 됩니다.

헌신하라고 강요한다고 헌신하지 않습니다. 새벽 기도회에 나오라고 한다고 다 나오는 것도 아닙니다. 구원의 즐거움과 기도응답의 체험을 가진 성도들이 헌신합니다. 여러분, 구원받은 즐거움이 여러분에게 있습니까? 혹시라도 구원의 감격을 상실했다면 회복하는 여러분이 되시기를 축원합니다.

46

부활 신앙

　　“형제들아 내가 이것을 말하노니 혈과 육은 하나님 나라를 이어 받을 수 없고 또한 썩는 것은 썩지 아니하는 것을 유업으로 받지 못하느니라 보라 내가 너희에게 비밀을 말하노니 우리가 다 잠 잘 것이 아니요 마지막 나팔에 순식간에 홀연히 다 변화되리니 나팔 소리가 나매 죽은 자들이 썩지 아니할 것으로 다시 살아나고 우리도 변화되리라 이 썩을 것이 반드시 썩지 아니할 것을 입겠고 이 죽을 것이 죽지 아니함을 입으리로다 이 썩을 것이 썩지 아니함을 입고 이 죽을 것이 죽지 아니함을 입을 때에는 사망을 삼키고 이기리라고 기록된 말씀이 이루어지리라 사망아 너의 승리가 어디 있느냐 사망아 네가 쏘는 것이 어디 있느냐 사망이 쏘는 것은 죄요 죄의 권능은 율법이라 우리 주 예수 그리스도로 말미암아 우리에게 승리를 주시는 하나님께 감사하노니 그러므로 내 사랑하는 형제들아 견실하며 흔들리지 말고 항상 주의 일에 더욱 힘쓰는 자들이 되라 이는 너희 수고가 주 안에서 헛되지 않은 줄 앎이라”(고전 15:50～58).

미국에서 교회 학교에 다니는 톰이라는 소년은 병으로 항상 휠체어에 실려서 교회에 나왔습니다. 부활주일을 앞두고 선생님은 속이 비어 있는 플라스틱 계란을 주면서 계란 속에 무엇이든지 생명 있는 것을 넣으라고 했습니다.

그러자 아이들은 꽃과 곤충과 식물 같은 것을 준비해 왔습니다. 그런데 톰의 계란은 비어 있었습니다. 이것을 본 아이들은 낄낄거리며 웃었지만, 선생님은 톰을 동정하면서 부드럽게 말했습니다. "준비 못 했어도 괜찮아! 톰이 많이 아팠나 보구나"라고 위로했습니다. 그러자 톰은 이렇게 대답했습니다.

"선생님, 저는 생명을 준비했습니다. 이것은 예수님의 무덤입니다. 예수님은 부활하셨기 때문에 무덤이 비어 있습니다."

이 소년은 1년 뒤 숨을 거두었는데 그의 장례식 날 그의 관에는 꽃 대신 빈 플라스틱 계란이 놓여 있었습니다. 여러분, 예수님은 누우셨던 무덤을 비우시고 부활하셨습니다. 주님의 부활은 우리의 부활을 예표하는 것입니다. 부활의 소망을 품고 사시기를 바랍니다.

갓 피플이라는 기독교 포털 사이트에서 2,450명을 대상으로 부활에 대한 설문조사를 했습니다. 이 조사에 의하면 부활을 '확신한다'가 82%, '의심한다'가 8%, '확신이 없다'가 10%

였습니다. 약 20%는 예수님의 부활를 의심하고 있다는 것입니다.

우리가 믿든지 믿지 못하든지 예수님은 십자가에 달려 대속의 죽음을 당하셨지만, 사흘 만에 부활하셨습니다. 예수님의 십자가의 죽으심과 부활은 기독교 복음과 신앙의 핵심입니다. 십자가 없는 부활은 천박한 능력으로 끝날 수 있고 부활 없는 십자가는 무능력한 희생일 수 있습니다.

고린도전서 15장을 '부활장'이라고 부르는데 바울은 예수님의 부활을 역사적으로 사실인 것을 여러 측면에서 증거하고 있습니다. 예수님의 부활은 구약에서 예언된 것의 성취입니다.

열한 제자들에게 부활하신 예수님은 직접 나타나셨습니다. 바울 자신도 부활하신 예수님을 보았다고 증거하고 있습니다. 그 외에도 500여 명의 성도들이 부활하신 예수님을 목격했습니다. 이들 가운데 대부분은 살아 있다고 했습니다.

바울이 예수님의 부활을 반복적으로 강하게 증거하는 이유는 고린도교회 안에 부활에 대해서 의심하는 사람들이 있었기 때문입니다. 교회 공동체에 소속되어 있으면서 부활을 의심하거나 믿지 못하는 것은 당사자에게는 불행입니다. 공동체 안에 전혀 유익이 되지 않습니다.

예수님의 부활 사건은 시간과 공간 속에 일어난 역사적인 사건입니다. 예수님은 알렉산더, 시저, 소크라테스, 징기스칸보다

  회복은 생명입니다(下)

훨씬 강력한 실존 인물입니다.

세계의 역사를 AD와 BC로 구분합니다. AD는 Anno Domini인데 라틴어로 '우리 주님의 해'라는 뜻이고 BC는 Before Christ로 '예수 그리스도의 탄생 이전'을 의미합니다.

그러므로 예수 그리스도는 역사의 기준입니다. 역사의 중심입니다. 대영 백과사전에도 예수님에 대하여 16 페이지나 기록하고 있습니다. 역사적 인물임을 밝히고 있습니다. 요한복음은 21장으로 구성되어 있는데 16장이 일주일 간의 예수님의 십자가와 부활 사건을 기록하고 있습니다.

예수님의 부활 사건은 우발적인 사건이 아닙니다. 산헤드린과 유대 민중 앞에서 16번이나 예고된 사건입니다. 인류 역사상 수많은 서적 가운데 가장 진실한 책인 복음서에서 예수님의 부활을 증언했습니다.

사도행전의 설교의 중심도 십자가와 부활입니다. 가룟 유다 대신 사도를 보선할 때도 예수님의 부활을 목격하고 처음부터 나중까지의 사실을 증언할 수 있는 자를 택했습니다. 오순절 후 베드로의 설교의 중심도 예수님의 부활이었습니다.

세상에는 수많은 종교가 있지만 기독교만의 우월성이 있습니다. 그것은 부활입니다. 그러므로 신앙인이면 반드시 부활 신앙을 가져야 합니다. 혹시라도 예수의 부활에 대한 확신이 없다면 회복하셔서 부활 신앙인의 삶을 사시기를 바랍니다.

1. 깨어 의를 행하고 죄를 짓지 말라

34절을 보면 "깨어 의를 행하고 죄를 짓지 말라 하나님을 알지 못하는 자가 있기로 내가 너희를 부끄럽게 하기 위하여 말하노라"고 하였습니다.

부활 신앙을 가진 성도라면 깨끗한 생활, 성결한 생활을 하라는 것입니다. 성결이란 '깨끗하다. 선하다. 거룩하다. 성스럽다'라는 의미입니다. 예수님은 마태복음 5장 8절에서 "마음이 청결한 자는 복이 있나니 그들이 하나님을 볼 것이오"라고 했습니다.

사람들은 얼마나 배웠느냐, 좋은 가문에서 태어났느냐, 돈이 많고 높은 지위에 있느냐를 매우 중요한 기준으로 봅니다. 그러나 하나님의 기준은 사람들의 기준과는 다릅니다. 하나님은 깨끗함, 거룩함, 정결함을 보십니다. 하나님께서 귀하게 쓰시는 사람도 정결한 사람입니다. 그래서 사도 바울은 믿음의 아들 디모데에게 이렇게 말합니다.

"그러므로 누구든지 이런 곳에서 자기를 깨끗하게 하면 귀히 쓰는 그릇이 되어 거룩하고 주인의 쓰심에 합당하여 모든 선한 일에 준비함이 되리라."

하나님은 깨끗한 사람, 정결한 사람을 선택하셔서 사명을 주시고 하나님의 일을 하십니다. 그러나 깨끗했던 사람도 더러워지고 부정하게 되면 버리십니다. 사명도 거두어 갑니다.

구약시대 거룩한 성소에는 거룩하신 하나님께서 임재해 계셨습니다. 그래서 깨끗하지 못한 사람은 하나님의 성전에서 일할 수가 없었습니다. 문둥병자와 유출병자와 주검으로 부정케 된 사람은 진 밖으로 내보냈습니다. 그 이유가 무엇입니까? 이들은 다 부정한 자들이기 때문입니다.

고린도교회 교인들은 부활에 회의적이었습니다. 방종적인 생활을 했습니다. 정신적으로는 술에 취한 사람처럼 몽롱했습니다. 이들에게 "깨어 의를 행하고 죄를 짓지 말라"는 말씀은 '정결하라. 깨끗하라'는 것입니다.

신앙인은 장차 부활할 몸입니다. 성령께서 내주 하십니다. 그렇다면 함부로 몸을 사용하면 안 됩니다. 부활하신 주님을 만날 때 의롭고 깨끗한 행실이 있어야 합니다. 회개함으로 자범죄를 용서받고 예수를 믿기만 하면 원죄는 사함받습니다. 우리의 삶도 정결해야 합니다.

네덜란드의 어떤 시인이 꿈에 천국에 갔는데 천사가 맞이하면서 금빛 나는 책을 보여 주었습니다. 무슨 책이냐고 시인이 물었더니, 천사가 "당신의 삶을 기록한 책입니다"라고 했습니다. 그래서 가까이 가서 책의 첫 장을 열어보았는데 글이 잔뜩 적혀 있었습니다. 이것이 무엇이냐고 물었더니 천사가 "그대가 행한 악한 행동입니다"라고 했습니다.

다음 장을 넘기니 아까보다 더 많은 글이 쓰여 있었습니다. 이 것은 무엇이냐고 물었더니 "당신이 행했던 악한 말들입니다"라고 했습니다. 그다음 장을 펴보았더니 아까보다 더 빽빽한 글이 가득하게 기록되어 있었습니다. 천사가 "이것은 당신이 했던 악한 생각들입니다"라고 설명해 주었습니다.

여러분, 우리의 삶과 악한 행동과 악한 말과 악한 생각들은 마음에서부터 시작됩니다. 꿈에서 깬 시인은 이렇게 기도했다고 합니다.

"하나님, 내 마음을 정결케 해 주시고 하나님의 말씀으로 채워주소서."

예수님의 십자가의 보혈로 정결케 된 우리입니다. 사는 동안 깨어 의를 행하고 죄를 짓지 말고 정결한 모습으로 재림하시는 주님 앞에 설 준비를 하며 사시기를 축원합니다.

2. 견실하며 흔들리지 말며

58절을 보면 "그러므로 내 사랑하는 형제들아 견실하며 흔들리지 말고"라고 하였습니다.

고린도 사회에서는 그리스도인은 매우 적었습니다. 그래서 부활 신앙을 갖고 산다는 것이 쉽지 않았습니다. 그러나 부활 신앙을 가지면 견실합니다. 흔들리지 않습니다. 기독교 역사는 박해의 역사라고 할 정도로 개인과 가정과 국가적으로 엄청난 박해가 있었습니다. 그럼에도 부활 신앙을 가진 신앙인들은 죽음 앞에서도 담대했습니다. 믿음을 지켰습니다. 이것이 가능했던 이유는 죽어도 산다는 부활 신앙의 결과입니다.

그러나 현 한국교회의 모습을 보면 흔들리는 교인들이 많습니다. 직분을 받고도 교회를 나가지 않는 사람들이 많습니다. 집에서 텔레비전을 켜놓고 예배드리는 교인들, 온라인 예배드리는 사람들은 다 흔들리는 사람들입니다. '흔들린다'는 헬라어는 '굴복한다. 동요한다. 마음의 평화를 잊는다'라는 세 가지 의미를 가지고 있습니다.

이스라엘 백성들이 출애굽 해서 만난 첫 번째 난관은 홍해입니다. 앞에는 홍해가 가로막고 있고 뒤에는 바로의 군대가 쫓아옵니다. 이때 모세는 흔들리지 않았고 이스라엘 백성들은 흔들렸습니다. 모세는 홍해 앞에서 마음의 동요가 없었습니다. 그러나 백성들은 오늘은 여기까지 데려온 이유가 무엇이냐고 난리를 쳤습니다.

여러 가지 위기 속에서도 모세가 흔들리지 않고 마음에 동요가 없었던 이유가 있습니다. 모세는 시내 산 떨기나무에서 하나님의 음성을 들었고 "내가 너와 함께하겠다"는 약속을 받았기 때문에 흔들리지 않았고 이스라엘 백성들은 그런 체험이 없었습니다. 결국, 모세는 승리자가 되었고 이스라엘 백성들은 실패자가 되었습니다.

마귀는 온갖 핍박을 통해서 우리의 신앙을 흔들어 봅니다. 죄의 유혹을 통해 우리의 신앙을 흔들어 봅니다. 흔들리지 않으려면 하나님의 말씀, 교회 중심의 생활을 해야 합니다.

톨스토이의 "부활"이라는 소설의 주인공 '네푸류도프'라는 청년은 '카추사'라는 소녀를 사랑해서 단 하룻밤을 소유했습니다. 그리고 군대에 입대해서 모스크바에서 호화로운 생활을 하다가 재판소의 배심원이 되어 귀족의 딸과 결혼했습니다.

하루는 재판정에서 살인죄로 잡혀온 여자를 보고 네푸류도프는 깜짝 놀랐습니다. 바로 그 여자가 카투사였기 때문입니다. 7년 전에 사랑에 빠졌다가 까맣게 잊었던 여인이 윤락여성이 되어 살인 혐의로 재판정에 서 있는 것입니다.

이때 네푸류도프의 양심이 살아나면서 카추사가 이렇게 된 책임이 자기에게 있음을 알고 죄책감에 빠졌습니다. 그래서 있는 힘을 다해 카추사를 변호했지만, 결국 카추사는 유죄판결을 받고 시베리아로 유형을 떠났습니다.

네푸류도프는 모스크바의 호화로운 생활을 다 버리고 카추사가 탄 기차에 오릅니다. 카추사가 허락만 한다면 출옥 때까지 기다렸다가 결혼하고 싶다고 했습니다. 그러나 카추사는 끝내 거절하고 다른 죄수 청년과 결혼해 버립니다.

네푸류도프는 시베리아서 토막집을 짓고 성경을 읽으면서 카추사뿐 아니라 카추사처럼 불쌍한 사람을 위해서 살겠다고 비장한 각오를 합니다. 이런 내용을 엮어서 "부활"이라는 제목을 붙였습니다.

그렇다면 죽었던 사람이 살아나는 것만이 부활이 아니라 죽었던 양심과 진실과 정의가 살아나는 것도 부활입니다. 희미한 부활 신앙을 가졌다면 확신하는 부활 신앙을 회복하시기를 축원합니다.

3. 주의 일에 더욱 힘쓰는 자들이 되라

58절 중반절을 보면 "항상 주의 일에 더욱 힘쓰는 자들이 되라"고 하였습니다.

부활 신앙을 소유하면 주의 일에 더욱 힘쓰게 됩니다. 현명한 사람은 미래를 위해 투자하고 미련한 사람은 현실에 안주합니다. 신앙인은 미래의 천국과 부활이 있기에 오늘 거룩한 투자를 합니다. 이렇게 할 수 있는 근거는 주님의 은혜에 감사하고 감격하는 이유도 있지만 장차 주님 앞에 설 때 받을 영광과 상급이 있기 때문입니다.

부활절이 되면 우리나라 최초의 선교사들이 생각납니다. 1885년 4월 5일 개신교 최초의 선교사 언더우드와 아펜젤러 선교사가 부활절 아침 제물포항에 도착했습니다. 이때부터 우리나라는 천국 문이 열리고 개화의 문이 열렸습니다.

양화진에 있는 외국인 선교사 묘역에 417명이 묻혀 있습니다. 이들이 우리나라에 온다는 자체가 목숨을 건 일이었습니다. 선교사들뿐이 아니라 우리나라는 만 명의 순교자가 피를 흘렸고 인적 사항이 밝혀진 순교자만 260명입니다. 천국과 부활이 없다면 이것이 가능하겠습니까?

주의 일에 더욱 힘쓰는 자들이 되라는 말은 이랬다저랬다 하지 않고 변함없이 항상 힘쓰라는 것입니다. 시간이 흐르고 상황이 바뀌어도 주의 일에 힘쓰라는 것입니다. 하나님 일에 힘쓰면 마귀의 도전을 받습니다. 그러나 하나님 일에는 실패가 없습니다. 그 이유는 주님께서 함께 역사하시기 때문입니다.

잠언 11장 16절을 보면 "악인의 삯은 허무하되 의를 뿌린 자의 상은 확실하니라"고 했습니다. 사람들이 죽기 5분 전에 공통적으로 하는 생각이 있답니다.

'좀 더 참을걸. 좀 더 베풀걸. 좀 더 용서해 주었을걸.'

하나님의 일을 할 때는 자원해서 해야 하고, 우선적으로 해야 하고, 열정을 가지고 해야 하고, 항상 해야 합니다. 부활 신앙인의 삶은 성결, 확신, 헌신입니다. 예수님의 부활을 믿고 예수님께서 재림하실 때 자신도 부활한다는 사실을 믿고 현실에서도 부활의 삶을 사시기를 바랍니다.

47

하나님의 형상

"하나님이 이르시되 우리의 형상을 따라 우리의 모양대로 우리가 사람을 만들고 그들로 바다의 물고기와 하늘의 새와 가축과 온 땅과 땅에 기는 모든 것을 다스리게 하자 하시고 하나님이 자기 형상 곧 하나님의 형상대로 사람을 창조하시되 남자와 여자를 창조하시고 하나님이 그들에게 복을 주시며 하나님이 그들에게 이르시되 생육하고 번성하여 땅에 충만하라, 땅을 정복하라, 바다의 물고기와 하늘의 새와 땅에 움직이는 모든 생물을 다스리라 하시니라"(창 1:26~28).

약 2,000년 전 바빌로니아에서 출생하여 초등, 중등 교육을 받은 랍비 힐렐은 20세가 되던 해, 성경을 배우기 위해 예루살렘으로 이주했습니다. 힐렐이 유명한 랍비가 되어 길을 가다가 제자를 만났는데, 제자가 "선생님, 어디 가십니까?"라고 묻자, 힐렐은 "주의 계명을 지키러 가고 있소"라고 대답했습니다. 그러자 제자가 다시 질문을 했습니다.

"어떤 계명을 지키러 가십니까?"

"목욕탕에 목욕하러 가는 중이요."

"선생님, 목욕하는 것도 주님의 계명을 지키는 것입니까?"

"생각해 보시오. 왕들은 백성들을 위해 자기의 동상을 거리마다 세워놓고 먼지가 묻고 때가 끼면 사람을 사서 동상을 닦아내지 않소. 우리가 누구요? 하나님의 고귀한 형상으로 창조된 걸작품들이 아니오! 왕들은 자기의 죽은 동상을 닦아내요. 그러나 우리는 살아 있는 하나님의 형상을 닦아내야 하오. 나는 지금 그걸 하려고 목욕탕으로 가고 있는 중이요."

하나님은 사람을 창조하시고 대단히 감탄하셨습니다. 그래서 "보시기에 심히 좋았다"라고 하셨고, 어떤 영어 성경에는 "That's it"이라고 하였습니다. 하나님께서는 유독 사람을 만드시고 "바로 이거야!"라고 하며 감탄하셨습니다. 그 이유는 사람이 하나님 창조의 왕관이기 때문입니다. 비록 흙으로 창조했지만, 하나님의 형상으로 창조하셨고, 사람은 하나님의 창조의 걸작품이기 때문입니다.

그러나 하나님의 말씀에 불순종하므로 하나님의 형상을 상실하게 되었습니다. 하나님의 형상을 상실한 인간은 쓰레기장에 버려진 쓰레기와 같습니다. 아무런 쓸모없는 고물과 같습니다. 그러나 쓰레기장에 버려진 고물이라도 작가에게 발견되고 작가의 손을 거치면 예술품이 될 수 있습니다.

19세기 스페인에서 태어나 프랑스에서 활동한 파블로 루이스 피카소(Pablo Ruiz Picasso)라는 유명한 화가이며 조각가가 있습니다.

피카소의 조각품 '황소 머리'는 값을 매길 수 없을 만큼 가치 있는 예술품입니다. 그런데 황소 머리의 재료는 쓰레기장에서 낡은 자전거를 주어서 만든 것입니다. 그것도 자전거 핸들을 떼어서 거꾸로 붙인 것밖에 없습니다. 황소 머리를 만들고 피카소는 이런 말을 했습니다.

"쓰레기는 위대한 가능성을 가졌다."

중요한 것은 쓰레기도 누구의 손과 두뇌가 닿느냐에 따라 쓰레기로 남기도 하고 위대한 작품으로 발전되기도 한다는 것입니다. 쓰레기장에 버려진 낡은 자전거가 피카소의 손에 닿자, 위대한 예술품이 되었습니다.

인간의 재료는 흙입니다. 하나님께서 흙으로 사람을 지으시고 "생기를 코에 불어넣으시니" 사람이 생명이 되었습니다. 하나님께서 창조하신 피조물 가운데 하나님의 형상대로 지은 받은 것은 인간뿐입니다. 하나님의 형상으로 지음 받았기에 하나님께서 복을 주셔서 하나님과 교제하고 생육하고 번성하여 땅에 충만하고 땅을 정복하고 모든 생물을 다스리게 된 것입니다.

모창 가수들을 보면 옷차림이나 목소리나 몸짓까지 자기가 흉내 내는 그 사람을 닮았습니다. 그러나 인간은 하나님께 불순종하므로 하나님의 형상을 상실하고 말았습니다. 짐승 같은 인간이 아니라 짐승만도 못한 인간들이 주변에 많이 살고 있습니다.

죄를 짓고도 죄인 줄 모르고 사는 인간, 부모를 죽이고, 자식을 죽이고, 미국에서는 수시로 대형 교회나 나이트클럽이나 슈퍼마켓 같은 곳에서 총기를 난사하여 수많은 인명을 희생시킵니다. 하나님의 형상이 상실된 그야말로 짐승만도 못한 인간들이 이런 짓을 하는 것입니다.

그렇다면 상실된 하나님의 형상을 회복하는 것이 신앙생활의 핵심인데 하나님의 형상을 회복하는 방법은 무엇입니까? 믿음과 예수님을 닮아가는 것입니다.

1. 의입니다

에베소서 4장 24절 상반절을 보면 "하나님을 따라 의와"라고 하였습니다.

하나님의 형상은 '의'입니다. 의는 죄와 악과 반대되는 개념으로 옳은 것과 바른 것을 말합니다. 불교에서 의는 살생을 금

하고 욕심을 버리고 남에게 해를 끼치지 않고 자비를 베풀고 사는 것입니다. 바른 삶을 위한 스님들의 노력을 우리가 따르기는 어렵습니다.

저들은 욕심을 버리고 산속에 들어가 수도를 하면서 고행을 합니다. 저들의 공덕을 우리가 따르기 어렵습니다. 성철 스님 같은 분들은 눕지 않고 자지 않고 수행을 8년 동안 했다고 합니다. 성전암에 철망을 두르고 10년 동안 한 번도 바깥으로 나오지 않았다고 합니다.

이슬람교도들의 의를 위한 생활도 우리가 따르기 쉽지 않습니다. 바리새인들과 서기관들의 의로운 삶을 위한 노력도 대단합니다. 철두철미하게 율법과 절기를 지키고 제물을 바치고 기도생활을 합니다. 그래서 예수님도 마태복음 5장 20절에서 이렇게 말씀하셨습니다.

"내가 너희에게 이르노니 너의 의가 서기관과 바리새인보다 더 낫지 못하면 결코 천국에 들어가지 못하리라."

예수 믿는 사람이라면 불신자나 다른 종교인들보다 옳고 바르게 살아야 합니다. 그러나 우리는 하나님께서 정하신 의가 무엇인가를 생각해야 합니다. 로마서 3장 24절을 보면 "그리스도 예수 안에 있는 속량으로 말미암아 하나님의 은혜로 값없이 의롭다 힘을 얻은 자 되었느니라”고 했습니다.

그렇습니다. 우리는 구제나 고행이나 율법을 지킴으로 의롭게 되는 것이 아닙니다. 하나님의 은혜로 의롭게 됩니다. 성경에서 말하는 의는 예수님의 십자가를 통해서 주시는 ‘전가된 의’ 혹은 ‘수여된 의’입니다. 우리는 예수님의 십자가를 통해서 의롭게 되었기에 더욱 의로운 삶을 살아야 합니다.

젊은이가 꿈을 꾸었는데 하나님께서 젊은이에게 2개의 방을 보여 주셨습니다. 첫째 방은 화려했고 방에 있는 책상에는 많은 돈이 쌓여 있었습니다. 두 번째 방은 볼품이 없는 데다가 책상에는 얼마 되지 않은 돈이 놓여 있었습니다. 방을 보고 나자, 이런 소리가 들렸습니다.

“지금 당신이 보고 있는 책상 위에 돈은 당신이 지금까지 가난한 사람을 위해 사용한 돈입니다. 그리고 좀 전에 본 돈은 당신이 당신을 위해 사용한 돈입니다.”

그날 이후 젊은이는 돈을 쓸 때마다 자신을 위해 사용하는가 아니면 가난한 자들을 위해 쓰는가를 생각한 다음 신중하게 사용했다고 합니다.

하나님이 은혜로 익롭게 된 것을 항상 기억하고 의를 실천해 가면서 하나님의 형상을 드러내며 사시기를 축원합니다.

2. 거룩함

에베소서 4장 24절 하반절을 보면 "진리의 거룩함으로 지으심을 받은 새사람을 입으라"고 하였습니다.

하나님의 형상은 첫 번째는 의이고 두 번째는 거룩입니다. 하나님께서 우리를 구원하시고 하나님의 백성으로 삼으신 것은, 구원의 공동체를 만드신 것은 하나님의 영광을 드러내기 위함입니다. 하나님의 영광을 드러내려면 거룩해야 합니다.

베드로전서 1장 16절을 보면 "기록하였으되 내가 거룩하니 너희도 거룩할지어다 하셨느니라"고 하였습니다. 창조주와 피조물의 구별 기준은 거룩입니다. 신자와 불신자의 구별 기준도 거룩입니다.

불신자들이 신자에게 "너나 나나 똑같다"라고 하는 이유는 구별이 안 된다는 뜻입니다. 거룩하지 못하면 똑같습니다. 구별이 안 되는 것입니다. 우리를 거룩하게 하는 수단은 수행이나 고행이나 선행이 아닙니다. 믿음입니다. 믿음은 우리를 의롭게 하는 도구지만 믿음으로 그리스도와 연합되고 진리의 능력을 경험하게 됩니다. 성령의 교통하심 속에서 더욱 거룩해집니다.

거룩해지는 내적인 수단은 믿음이고 외적인 수단은 말씀과 성례입니다. 이스라엘 백성들이 거룩하게 살아가기 위해 성전을 건축하고 다양한 제사를 드렸습니다.

아담이 하나님 말씀에 불순종하기 전, 다시 말하면 범죄하기

　　　　　　　　　　　　　　　회복은 생명입니다(下)

전에는 성전이나 제사가 필요하지 않았습니다. 그의 모든 삶과 마음이 구별돼 있었기 때문입니다. 그야말로 죄를 범하기 전에는 아담은 제사장 같았고 하나님께서 찾아오시는 것을 전혀 두려워하지 않았습니다. 거룩한 삶을 살았다는 것입니다.

독일의 한 조각가가 예수님의 초상을 볼 마음이 생겨 조각을 시작한 지 4년 만에 완성했습니다. 그는 자신이 조각한 것을 만족하며 교회학교 학생을 불러서 자기가 조각한 것을 보여 주면서 "이것이 누구와 같으냐?"라고 묻자, "어떤 유명한 사람 같아요"라고 대답했습니다.

조각가는 다시 작업에 들어가 6년 만에 예수의 초상을 조각하여 다시 그 학생이 물었습니다. 그러자 그 학생은 놀라면서 "어린아이가 내게 오는 것을 용납하라"고 하신 예수님이라고 했습니다. 그제야 조각가는 만족했습니다.

소문을 들은 프랑스에서 국신인 비너스 조각을 해달라고 요청해 왔지만, 조각가는 "내 손은 예수님을 조각한 거룩한 손이므로 당신 나라의 더러운 신의 초상을 조각할 수 없습니다"라고 했습니다. 무디는 "거룩한 삶에 관해 말하는 것보다 거룩한 삶을 사는 것이 훨씬 좋다. 등대는 그 빛으로 그저 빛을 비출 뿐이다"라고 했습니다.

인간은 누구나 자기 힘으로 거룩한 삶을 살 수 없습니다. 성령의 인도함을 받는 삶을 살 때 주님의 거룩한 능력과 역사가 우리의 삶 속에 머물게 됩니다. 여러분, 거룩한 삶으로 하나님의 형상을 드러내므로 하나님께 영광 돌리며 사시기를 축원합니다.

3. 지식에까지

골로새서 3장 10절을 보면 "새사람을 입었으니 이는 자기를 창조하신 이의 형상을 따라 지식에까지 새롭게 하심을 입은 자니라"고 하였습니다.

하나님의 피조물 가운데 인간만 언어를 사용합니다. 그래서 말하고 기록한 역사를 만드는 능력이 있습니다. 인간만 연장을 만들어 사용합니다. 원숭이나 침팬지가 자동차를 만들거나 비행기를 만들었다는 이야기를 들어보지 못했습니다. 그러나 인간은 도구를 이용하여 자동차와 비행기를 만들고 우주 왕복 시대를 열었습니다.

우주 안에는 하나님의 피조물로 가득하지만, 인간만 하나님의 형상으로 창조되었습니다. 인간만 지적 능력이 있습니다. 요한복음 17장 3절을 보면 "영생은 곧 유일하신 참 하나님과 그가 보내신 자 예수 그리스도를 아는 것이니라"고 했습니다.

하나님은 전지전능하십니다. 하나님의 형상은 지식을 말합니다. 인간은 자연 만물 가운데 하나님을 온전히 알 수 있도록 창조되었습니다. 최초의 인간 아담은 죄를 범하기 전에는 하나님의 형상인 지식이 있어서 하나님께서 계시하신 하나님의 뜻을 온전히 이해했습니다. 지적인 능력을 가지고 있었습니다. 하나님의 뜻을 깨닫고 보는 사람을 가리켜 선지자라고 합니다.

존슨은 19세 때 두 동료와 함께 은행을 털었는데, 공범인 두 사람은 교통사고로 즉사했습니다. 그러자 경찰은 사건을 대충 마무리 지었습니다. 존슨은 이제 자신은 잡히지 않는다는 확신이 생겼습니다. 그래서 아름다운 여성과 결혼도 했습니다. 부인은 남편의 과거를 전혀 몰랐습니다.

그런데 어느 날 '하나님의 구원 계획'이라는 전도지를 누군가 보내왔습니다. 존슨은 전도지를 읽다가 "누구든지 주의 이름을 부르는 자는 구원을 얻으리라"(롬 10:13)는 말씀에 그의 눈길이 머물렀습니다. '구원받을 때가 바로 이때'라는 생각이 그의 마음에 가득 채워졌습니다.

겉으로는 정상적인 생활을 하고 있어도 마음 한구석에는 수시로 고개드는 양심의 가책에서 자유로울 수가 없었습니다. 지금이야말로 과거를 용서받을 수 있는 유일한 기회라고 믿은 그는 하나님께 자비를 구하며 예수님을 구주로 받아들였습니다.

그러자 그의 삶은 변화되기 시작했습니다. 오랜 기도 끝에 과거의 범죄를 당국에 자백했고 그 소식은 텔레비전과 신문에 대서 특필되었고 캐나다 신문에까지 실렸습니다. 그는 그의 몫을

변상하려고 했지만, 시효가 지나 다 면제되고 말았습니다. 그 후 그는 주유소의 지배인이요. 세 자녀의 아버지로서 믿음이 독실한 크리스천으로서 활약을 하고 있다고 합니다.

여기서 지식은 단순한 세상 지식이 아닙니다. 가장 귀하고 고상한 하나님을 아는 지식을 말합니다. 바울은 모든 것을 해로 여김은 내 주 그리스도 예수를 아는 지식이 가장 고상하기 때문이라고 했습니다. 예수님께서 세상 사람들이 나를 누구라고 하느냐는 질문에 베드로는 "주는 그리스도시요 살아계신 하나님의 아들이시라"(마 16:16~17)고 했습니다.

신앙인은 하나님께 대한 바른 지식과 삶에 대한 바른 지식을 가지고 바른 생활을 해야 합니다. 하나님의 형상은 의와 거룩과 지식입니다. 하나님의 형상을 나타내며 사는 성도가 되시기를 축원합니다.

48

협 력

> "두 사람이 한 사람보다 나음은 그들이 수고함으로 좋은 상을 얻을 것임이라 혹시 그들이 넘어지면 하나가 그 동무를 붙들어 일으키려니와 홀로 있어 넘어지고 붙들어 일으킬 자가 없는 자에게는 화가 있으리라 또 두 사람이 함께 누우면 따뜻하거니와 한 사람이면 어찌 따뜻하랴 한 사람이면 패하겠거니와 두 사람이면 맞설 수 있나니 세 겹 줄은 쉽게 끊어지지 아니하느니라"(전 4:9~12).

현대 사회를 여러 가지로 정의하지만 그 가운데 하나가 분열의 시대입니다. 우리나라 사람은 2명만 모여도 정당이 3개가 생긴다는 말이 있을 정도입니다. 바로 니당, 내당, 우리 당입니다.

정치인들처럼 나라를 사랑한다고 말하는 사람은 별로 없습니다. 말로는 나라를 위하고 국민을 위한다고 하지만 현 정권을 보면 너무 독선적인 면이 있고 야당도 정권에 협력하는 것을 찾아볼 수가 없습니다.

야당은 여당을 견제해야 하지만 협력할 것은 협력해야 합니다. 그러나 우리나라 야당에서는 찾아볼 수가 없습니다. 여당과 야당은 협력이 아니라 분열되어 있습니다. 정치권만 그런 것이 아니고 교회 안에서도 협력하는 교회도 있지만 분열하는 교회들이 있습니다.

심지어는 자살하는 목사님들이 생겨나고 있습니다. 목사님들이 자살하면 안 되지만 한편 생각하면 '얼마나 힘들었으면 자살까지 했을까'라는 생각을 하게 됩니다. 여러분, 하나님의 일, 교회 일에는 협력해야 합니다. 분열하면 안 됩니다. 그동안 협력하지 못했다면 협력하는 신앙을 회복하시기를 바랍니다.

손자병법 제11편 구지편을 보면 뱀 이야기가 등장합니다. 조자룡으로 유명한 상산(常山)에는 '솔연'이라는 뱀이 살고 있었는데, 이 뱀은 누가 머리를 공격해 오면 꼬리가 달려들어 돕고, 꼬리를 공격하면 머리가 달려들어 도우며, 중간을 치면 머리와 꼬리가 함께 달려들어 돕는다는 것입니다. 그렇기 때문에 패하지도 않고 죽지도 않는 뱀이 솔연입니다. 손자는 그의 병법에서 상산의 솔연이라는 뱀처럼 서로 협력하는 것이 적을 이기고 살아남는 비결이라고 알려주고 있습니다.

대형교회에도 분열되면 무너지는 것은 순간입니다. 어렵고 힘든 일이 생겨도 협력하면 문제를 해결할 수 있습니다. 이스라엘이 아말렉과의 전투에서 모세는 여호수아에게 나가서 싸우라고 명령했고, 모세와 아론은 산에 올라가서 기도할 때 이스라엘은 전투에서 승리했습니다.

옛날 궁궐에 아주 맛있는 과일이 달리는 신기한 나무가 있었습니다. 임금님은 2명의 경비원을 채용했습니다. 그런데 한 명은 난쟁이고, 한 사람은 소경이었습니다. 두 경비원은 신비의 열매를 따 먹고 싶었지만, 너무 높은 곳에 과일이 달려 손이 닿지 않았습니다.

그래서 두 사람은 지혜를 발휘했습니다. 소경이 난쟁이를 목말 태우고 열매가 주렁주렁 매달린 쪽으로 이동하여 실컷 따 먹었던 것입니다. 열매가 없어진 것을 발견한 임금님은 두 경비원을 문책했습니다. 그러자 난쟁이와 소경은 울부짖으며 호소했습니다.

"앞을 못 보는 제가 어떻게 열매를 훔치겠습니까?"

"제가 어떻게 저 높은 곳에 있는 열매를 따 먹을 수 있겠습니까?"

임금님은 두 사람의 말을 믿을 수밖에 없었다고 합니다. 비록 옳지 않은 일이라도 둘이 힘을 합치면 묘안이 나오는 법입니다. 하물며 하나님의 일, 교회 일에 온 성도들이 힘을 모은다면, 못할 일이 무엇이겠습니까? 협력은 불가능을 가능하게 합니다. 역경을 만날 때 하나님께 기도하면 하나님께서 도와주십니다. 힘들고 지칠지라도 성도들과 이웃들과 힘을 모으면 역경도 쉽게 해결됩니다.

지혜의 왕이었던 솔로몬이 인생 말년인 기원전 935년경 기록한 말씀이 전도서입니다. 솔로몬은 어린 나이에 왕이 되어 제일 먼저 한 일은 일천 번제를 드린 것입니다. 이런 자세는 솔로몬이 하나님과 하나님의 말씀을 사랑한 사람이라는 것을 보여줍니다.

이런 솔로몬 왕이지만 말년에는 이방 여인의 유혹을 많이 받았습니다. 그래서 통혼 정책으로 이방의 공주를 아내로 맞이했습니다. 우상을 숭배했고 수많은 아내를 맞이하여 재물과 쾌락을 좇아 세속적인 삶을 살았습니다. 그 결과 이스라엘은 남과 북으로 나뉘어졌습니다. 솔로몬은 인생의 회의와 고통과 갈등을 느끼게 되었습니다.

누구든지 하나님과 협력, 신앙인끼리 협동, 가족끼리 하나 되면 놀라운 하나님의 역사가 나타납니다.

1. 붙들어 일으키려니와

10절을 보면 "혹시 그들이 넘어지면 하나가 그 동무를 붙들

　　　　　　　　　　　회복은 생명입니다(下)

어 일으키려니와 홀로 있어 넘어지면 붙들어 일으킬 자가 없는 자에게는 화가 있으리라”고 하였습니다.

이 말씀은 사막과 광야 같은 지역을 여행할 때 일어나는 사건을 떠올리게 합니다. 또한 신앙 여정에서도 반드시 명심해야 할 사항입니다.

누구든지 유혹을 받을 수 있습니다. 실패하여 낙망하고 무의미와 회의감에 빠질 수도 있습니다. 이럴 때 동행하는 사람이 있다면 붙들어 주고 일으켜 준다는 것입니다. 이것이 동행의 능력입니다.

이스라엘 백성들이 출애굽하여 광야 생활을 했습니다. 이들에게는 홍해가 가로 놓였고 목마름과 먹을 것 때문에 백성들은 불평도 많았고 때론 전쟁도 했습니다. 그러나 하나님께서 낮에는 구름 기둥, 밤에는 불기둥으로 인도하셨습니다. 만나와 메추라기로 먹이셨고 40년 동안 신발도 해어지지 않게 하셨습니다.

우리나라는 단독 가구가 972만 세대입니다. 혼자 집에 있다가 쓰러지거나 위험에 처하면 도와줄 사람이 없습니다. 그러나 가족이 있고 동행자가 있고 하나님이 우리와 동행하면 인생 길이 두렵지 않습니다.

지난 50년간 미국에서 일어난 백여 건의 광란적 충동 살인 사건을 NY Times에서 분석했습니다. 그 원인은 소외감에 있는 것으로 밝혀졌습니다. 범인들은 대부분 고학력자입니다. 이들이 실직이나 이혼 등으로 사회적 소외감과 외로움과 고독감에 빠져서 순간적으로 광란적인 살인까지 저질렀다는 것입니다.

성경을 보면 혼자 사는 것보다 연합하여 동거하는 것이 더 행복하고 건강하고 복된 삶이라고 가르쳐주고 있습니다. 사람이 인생을 사노라면 수많은 위기를 만납니다. 사업 실패로 엄청난 경제적 위기가 올 때가 있습니다. 육체적인 질병과 사랑의 아픔의 위기가 찾아오기도 합니다. 이런 위기로 인생 자체가 흔들리기도 합니다. 이럴 때 신앙인이라면 하나님께서 동행하고 계심을 믿고 잘 헤쳐 나가야 합니다.

로마에는 땅속 무덤이 있습니다. '카타콤'이라고 하는데 초대교회가 핍박을 받을 때 성도들은 카타콤에서 서로 돕고 협력하면서 300년간에 걸친 환란을 이길 수 있었습니다.

위기 때 동행자가 있으면 위기를 극복할 수 있지만 동행자가 없으면 화가 있다고 성경은 말하고 있습니다. 평상시에도 동행자가 필요하지만, 위기 때는 동행자가 없으면 생명을 잃을 수도 있습니다. 인생길과 신앙 길에도 좋은 동행자를 만나시되 먼저 좋은 동행자가 되실 뿐 아니라 하나님과 동행하는 삶을 누리시기를 축원합니다.

2. 함께 누우면 따뜻하거니와

11절을 보면 "또 두 사람이 함께 누우면 따뜻하거니와 한 사람이면 어찌 따뜻하리요"라고 하였습니다.

중동지방은 낮에는 기온이 45도를 웃돌고 밤에는 영하로 떨어집니다. 밤낮의 차이가 57도까지 납니다. 이런 기후 조건에서 밤의 추위를 이기려면 여행객들이 함께 누워 서로의 체온으로 서로를 따뜻하게 해야 합니다. 그렇지 않을 때는 큰 변을 당할 수도 있습니다.

그러므로 연합하는 것이 중요합니다. 혼자 살 때는 외롭지만 가족이 함께 있으면 마음을 같이할 수 있습니다. 부부가 살다가 여러 가지 이유로 이혼하는 부부가 많습니다. 그러나 하나님은 아담에게 배필로 하와를 주셨습니다.

부부는 서로 모자라는 것을 채워주는 관계입니다. 그래서 부부가 연합하면 큰 어려움도 헤쳐 나갈 수 있습니다. 부부뿐이 아닙니다. 가정과 교회와 어떤 모임도 연합하면 힘이 생깁니다. 큰일을 감당해 나갈 수 있습니다.

무디 목사님이 벽난로 앞에 앉아 있는데 한 청년이 찾아와서 "목사님, 꼭 교회에 나가야 신앙생활을 하는 것입니까? 개인적으로 기도도 하고 성경 공부를 하면 되지 않습니까?"라고 질문했습니다. 무디 목사님은 아무 대답도 하지 않고 지피던 장작들을 다 흩어 놓았습니다. 그러자 장작불은 하나씩 둘씩 꺼지기 시작했습니다. 그리고 방에는 냉기가 돌기 시작했습니다.

그때 무디 목사님은 "조금 전에 온 집안이 훈훈했는데 지금 왜 추운지 알겠나?"라고 질문했습니다. 청년은 "목사님께서 장작을 흩트려 놓아 불이 꺼졌기 때문입니다"라고 대답했습니다. 그러자 무디 목사님은 청년에게 이렇게 대답했습니다.

"교회도 그리스인들이 모여야 하나님의 능력이 임하며 성령의 불이 타오르게 되는 걸세. 모여서 서로 대화하며 삶을 나누어야 사랑의 불이 훈훈하게 일어나는 것이라네."

솔로몬 왕은 잠언 15장 22절에서 "의논이 없으면 경영이 무너지고 지략이 많으면 경영이 성립하느니라"고 했습니다. 많은 사람의 의견을 듣고 종합하면 반드시 성공합니다. 여러 사람이 힘을 합치면 혼자 하는 것보다 성공할 가능성이 높습니다.

중국 속담에 "삼인동심 황토변금"(三人同心 黃土變金)이라는 말이 있습니다. "세 사람이 마음을 합쳐서 노력하면 황토가 변하여 황금이 된다"라는 말입니다.

자연에서 가장 협력을 잘하는 생물은 꿀벌입니다. 벌은 꿀을 발견하면 절대로 독차지하지 않고 동료에게 신호를 보냅니다. 함께 협력하기에 혼자 채취할 때보다 더 많은 꿀을 저장할 수 있고, 그 결과 먹이 걱정 없이 혹독한 겨울을 무사히 보낼 수 있습니다.

 회복은 생명입니다(下)

또 벌집의 천적인 말벌이 침입해도 힘을 합쳐 막아내는데 목
숨이 위험해져도 결코 도망가는 경우가 없습니다. 목숨을 아끼
지 않고 막아내는 희생정신 때문에 벌 가운데 가장 약한 꿀벌
은 침입자에게 벌집을 절대로 빼앗기지 않습니다.

승리하려면 반드시 연합해야 합니다. 자신의 이익과 자신만
생각하지 말고 하나님이 주신 성도들의 공통된 사명을 위해 양
보하고 겸손함으로 연합해야 합니다. 연합할 때 시너지 효과
도 납니다.

일반적으로 소 한 마리가 6톤의 짐을 끈다고 합니다. 그러면
소 두 마리일 경우 각각 6톤씩 모두 12톤의 짐을 끌 수 있습니
다. 그런데 소 두 마리가 함께 짐을 끌면 24톤의 짐을 끌 수 있
다고 합니다. 각각 끄는 것보다 연합할 때 갑절의 효과를 얻게
되는 것을 시너지 효과라고 합니다. 전도서 4장 9절에도 이것
을 말씀합니다.

"두 사람이 한 사람보다 나음은 그들이 수고하므로 좋은 상
을 얻을 것임이라."

항상 연합함으로 어려움을 극복하며 사시기를 바랍니다.

3. 세 겹 줄은 쉽게 끊어지지 아니하느니라

12절 말씀을 보면 "한 사람이면 패하겠거니와 두 사람이면 맞설 수 있나니 세 겹 줄은 쉽게 끊어지지 아니하느니라"고 하였습니다.

인간은 누구나 약합니다. 그래서 의지하며 살아야 합니다. 새끼를 꼬아 본 분들은 알지만, 짚 하나는 매우 약합니다. 그러나 짚이 2개, 3개, 4개가 모이면 단단해집니다. 연약한 인간이라도 지팡이를 의지하면 힘이 됩니다. 더욱이 하나님을 의지하면 하나님의 능력이 우리를 통해 나타납니다.

아프리카 밀림에는 수많은 사납고 힘센 동물들이 많습니다. 이런 동물 가운데 제일 두렵고 무서운 존재가 무엇인지 아십니까? 일반적으로 사자나 호랑이나 코끼리라고 생각하겠지만, 아닙니다. 몸집이 제일 작은 개미라고 합니다.

개미의 몸집은 매우 작지만 일단 개미 떼가 나타나면 몸집이 큰 코끼리나 사자도 도망간답니다 개미 근처에는 가지도 않으려고 한답니다. 맹수들이 개미 떼를 두려워하는 이유는 개미가 강하거나 사나워서가 아닙니다. 개미의 무서운 협동심 때문이랍니다. 작은 벌레에 불과하지만 수십만 마리의 개미가 힘을 합쳐 공격하면 몸집이 큰 코끼리도 단 하루 만에 앙상한 뼈만 남는다고 합니다.

마틴 루터(Martin Luther)는 교회보다 식탁에서 더 많은 설교를 한 것으로 알려져 있습니다. 가족과 친구는 물론이고 가르치는 학생들까지 식사에 초대해서 오랜 시간 교제를 나누었는데 이때 나눈 이야기를 모아 책으로 엮으면 6권이 될 정도라고 합니다.

마틴 루터가 식탁 교제에서 가장 많이 받는 질문은 종교 개혁에 관한 것입니다. 마틴 루터는 불가능해 보였던 종교 개혁을 끝까지 포기하지 않을 수 있었던 이유에 대해 이렇게 설명했습니다.

"우리는 무능하지만, 하나님은 전능하십니다. 내가 아무것도 할 수 없기 때문에 주님으로 인해 무엇이든 할 수 있게 됩니다."

우리는 약해도 하나님을 의지하면 인간의 능력을 초월한 하나님의 역사가 나타납니다. 그러므로 의지하는 것에 따라 힘은 달라집니다. 지팡이에 의지하면 지팡이 정도의 힘을 얻고, 돈을 의지하면 돈만큼의 힘은 얻습니다. 권력을 의지하면 권력만큼 힘을 얻습니다. 하나님을 의지하면 하나님의 전능하신 힘을 공급받게 됩니다.

그렇다면 하나님을 의지한다는 말은 어떤 의미입니까? 하나님으로부터 힘을 얻는다는 것입니다. 하나님을 방패로 삼는다는 것입니다. 정직하게 행하면 최후에는 반드시 좋은 것으로 갚아주신다는 것을 믿는 것입니다.

여러분, 하나님과 예수님과 교회 생활에서 잘 협력하는 성도가 되시기를 바랍니다. 협력할 때 동행과 연합과 상호 의존의 능력을 체험할 수 있습니다. 이런 능력을 체험하고 사시기를 축원합니다.

49

찬 양

"내가 여호와를 기다리고 기다렸더니 귀를 기울이사 나의 부르짖음을 들으셨도다 나를 기가 막힐 웅덩이와 수렁에서 끌어올리시고 내 발을 반석 위에 두사 내 걸음을 견고하게 하셨도다 새 노래 곧 우리 하나님께 올릴 찬송을 내 입에 두셨으니 많은 사람이 보고 두려워하여 여호와를 의지하리로다 여호와를 의지하고 교만한 자와 거짓에 치우치는 자를 돌아보지 아니하는 자는 복이 있도다 여호와 나의 하나님이여 주께서 행하신 기적이 많고 우리를 향하신 주의 생각도 많아 누구도 주와 견줄 수가 없나이다 내가 널리 알려 말하고자 하나 너무 많아 그 수를 셀 수도 없나이다"(시 40:1~5).

인도의 개척 선교사였던 스코트 목사님은 한 번도 복음을 들어본 적이 없는 오지에 수일 만에 찾아갔습니다. 하지만 원주민들은 긴 창으로 선교사의 심장을 겨누고 있었습니다. '이젠 꼼짝없이 죽었구나'라는 생각이 들었지만, 선교사는 모든 것을 하나님께 맡기기로 했습니다. 이제 마지막 찬송을 드린다는 심정으로 항상 가지고 다니던 바이올린을 켜면서 원주민들의 언어로 찬송을 시작했습니다.

주 예수 이름 높이어 다 찬양하여라
금 면류관을 드려서 만유의 주 찬양
금 면류관을 드려서 만유의 주 찬양

잠시 후면 다가올 죽음을 기다리면서 눈을 감고 계속 찬양을 했습니다. 그러나 4절까지 찬양을 다 했는데도, 아무 일도 일어나지 않았습니다. 눈을 떠보니 놀라운 일이 일어났습니다. 기세등등하던 원주민들은 겨누고 있던 창을 내려놓은 채 눈물을 흘리고 듣고 있었습니다. 그들 가운데 한 사람이 스코트 선교사에게 이렇게 이야기했습니다.

"도대체 금 면류관을 받으면서 높임을 받으신 분이 누구십니까? 그리고 그분에 대해서 알려주세요."

스코트 목사는 원주민들에게 복음을 전하여 수많은 영혼을 예수님께로 인도했습니다. 세상을 살다 보면 생명의 위협을 당할 때가 있습니다. 상상도 못 했던 위험을 만나기도 합니다. 그

 회복은 생명입니다(下)

러나 하나님을 찬양하면 하나님을 의지하게 됩니다. 두려움이 없어집니다. 여러분 찬송의 목적은 무엇입니까?

① 하나님을 높이기 위함입니다(단 4:37).
② 하나님을 예배하기 위함입니다(대하 23:18).
③ 기쁨을 표현하기 위함입니다(행 3:8).
④ 감사를 표현하기 위함입니다(행 16:25).
⑤ 하나님의 이름을 송축하기 위함입니다(시 96:2).

기독교는 찬송의 종교입니다. 환경이 아무리 어렵고 절망적이라도 하나님의 은혜를 생각하면 감사하게 됩니다. 찬송하게 됩니다.

휴잇(Hewitt) 여사는 1887년 어느 겨울날 전도하려다가 불량소년이 던진 슬레이트에 척추를 맞아 7개월간 병원 생활을 했습니다. 병상에 누워 척추를 다치게 한 불량소년을 원망하고 증오하고 탄식하면서 때로는 하나님을 원망하면서 지내는데, 그녀의 심령은 그야말로 지옥 같았습니다.

어느 날 한 흑인 소녀가 병실을 청소하면서 즐겁게 찬송을 부르는 모습을 발견하게 되었습니다. 그래서 "너는 무엇이 그렇게 즐거워 찬송을 부르니?"라고 질문을 했더니, 소녀가 "주님께서 모든 형편과 사정을 찬송으로 변할 수 있는 힘을 주었으니 즐거울 수밖에 없어요"라고 대답했습니다.

날마다 우울했던 휴잇은 흑인 소녀의 말을 듣고 충격을 받았습니다. 그래서 이렇게 고백했습니다. "내가 지금까지 하나님을 믿노라고 하면서도 감옥에 갇힌 죄수처럼 살았구나!" 휴잇 여사는 원망과 불평으로 살아온 삶과 날마다 우울하게 살았던 삶이 부끄러웠습니다. 그래서 자신의 삶이 믿음 없는 삶이었음을 깨닫고 회개하면서 참회 시를 쓴 것이 찬송가 370장의 가사입니다.

1절_ 주안에 있는 나에게 딴 근심 있으랴 십자가 앞에 나아가 내 짐을 풀었네

2절_ 그 두려움이 변하여 내 기도되었고 전날에 한숨 변하여 내 노래되었네

3절_ 내주는 자비 하셔서 늘 함께 계시고 내 궁핍함을 아시고 늘 채워주시네

4절_ 내 주와 맺은 언약은 영 불변하시니 그 나라 가기까지는 늘 보호하시네

후렴: 주님을 찬송하면서 할렐루야 할렐루야 내 앞길 멀고 험해도 나 주님만 따라가리

휴잇 여사는 자기 형편을 생각하고 한숨 쉬고 원망하며 불평

　　　　　　　　　　　　회복은 생명입니다(下)

한 사람이 아니라 찬송하고 감사하는 사람으로 변화되었습니다.

찬양 소리는 하나님께서 가장 기뻐하는 소리입니다. 마귀가 가장 싫어하는 소리는 찬송 소리입니다. 신앙인이라면 찬양 소리가 살아 있어야 합니다. 찬양 소리가 살아 있다면 하나님을 기쁘시게 하는 신앙인이고 찬양 소리가 중단되었거나 죽어 있다면 마귀가 좋아하는 사람입니다.

그렇다면 찬송해야 될 이유는 무엇일까요? 하나님께서 찬양을 최고로 좋아하신다고 성경에서 가르치고 있기 때문입니다(시 69편). 하나님의 명령이기 때문입니다.

여러분, 자신을 살펴보시고 찬양이 살아 있다면 찬양의 삶을 사시고 혹시라도 찬양이 중단되었거나 죽었다면 회복하는 성도가 되시기를 축원합니다.

1. 나의 부르짖음을 들으셨도다

1절을 보면 "내가 여호와를 기다리고 기다렸더니 귀를 기울이사 나의 부르짖음을 들으셨도다"라고 하였습니다.

우리가 하나님을 찬양하면 하나님께서는 기뻐하십니다. 그리고 우리의 기도를 응답하십니다. 문제가 발생하면 살려달라고 죽겠다고 기도합니다. 그러나 문제가 해결되면 기도하지 않는 신앙인이 많습니다.

바울은 데살로니가 교회에 보낸 편지에서 쉬지 말고 기도하라고 했습니다. 기도하는 이유가 무엇입니까? 기도는 하나님과 나누는 대화입니다. 하나님과 대화를 나누면, 기도하면 하나님께서 응답하십니다. 여러분, 어떤 형편이든지 염려하거나 고민하지 말고 하나님께 기도하시기 바랍니다. 그리하면 하나님께서 반드시 들어주시고 응답해주십니다.

한나를 생각해 보세요. 결혼한 한나가 임신을 하지 못했습니다. 남편은 다른 여자를 데리고 왔습니다. 그러니 한나는 얼마나 괴로웠을까요? 이때 한나는 괴로워만 한 것이 아니고 하나님께 나아가 기도했습니다. 그러자 하나님께서 응답하셔서 사무엘을 낳았습니다. 사무엘을 낳은 한나는 자기가 믿고 경험한 하나님을 찬양했습니다.

시편 66편 19절을 보면 "그러나 하나님이 실로 들으셨으며 내 기도 소리에 귀를 기울이셨도다"라고 했습니다.

찰스 피니(Charles G. Finney)는 미국의 대부흥 운동을 주도했던 지도자이면서 현대 부흥 운동의 아버지입니다. 그의 자서전에 이런 이야기가 나옵니다.

경건한 믿음을 가진 사람이 시골 마을에 살았는데, 이 사람은 폐병으로 심하게 고통을 당하고 있었습니다. 폐병으로 여러 해를 싸우고 있으니 자연스럽게 가난할 수밖에 없었습니다. 이 시골 마을에는 아주 친절한 상인이 살고 있었는데, 상인은 병자와 병자의 가족에게 필요한 것들을 보내 주곤 했습니다.

병자는 고마웠지만 답례할 길이 없었습니다. 자신이 할 수 있는 것은 기도밖에 없었습니다. 그래서 상인이 예수 믿고 구원받기를 위해서 기도했고 온 동네의 복음화를 위해 기도했습니다. 결국 병자는 세상을 떠났고 그 후 상인은 구원을 받았고, 마을에는 부흥의 역사가 일어났습니다. 나중에 병자의 부인을 통해 남편의 일기를 보게 되었는데 일기에는 병자가 죽기 전에 기도했던 내용들이 자세히 기록되어 있었습니다.

상인의 구원을 위한 기도
마을의 복음화를 위한 기도
목회자를 위한 기도
교회를 위한 기도

찰스 피니 목사는 죽은 병자의 기도 때문에 놀라운 일들이 응답 되었다는 사실을 깨닫게 되었습니다.

여러분, 하나님께 기도하면 하나님은 응답으로 보상하십니다. 주님께로 부터 받은 은혜를 찬송하고 감사하며 기도하셔서 응답받는 성도가 되시기를 축원합니다.

2. 내 걸음을 견고하게 하셨도다

2절을 보면 "나를 기가 막힐 웅덩이와 수렁에서 끌어올리시고 내 발을 반석 위에 두사 내 걸음을 견고하게 하셨도다"라고 하였습니다.

성 어거스틴이 쓴 유명한 책 두 권이 있습니다. "하나님의 도성"과 "참회록"입니다. 하나님의 도성은 22권으로 된 책인데, 413년에서 426년까지 13년에 걸쳐 완성된 대작입니다.

이 책을 쓰게 된 동기가 있습니다. 로마제국은 황제를 숭배하고 하나님을 섬기는 기독교인들을 박해했습니다. 초대교회 때 수많은 기독교인이 순교 당했습니다. 그러나 313년에 콘스탄틴 대제가 밀라노 칙령을 내려 기독교인들에게 신앙의 자유를 주었습니다. 그 후 380년에 데오도시우스 황제는 기독교만이 로마제국의 합법적인 유일한 신앙임을 법으로 공포했습니다. 그래서 로마제국은 기독교 국가가 되었습니다. 수십 년 전만 해도 기독교 신앙 때문에 수많은 선배가 순교를 당했는데 로마가 기독교 국가가 되었으니 얼마나 기쁘고 행복했을까요?

그런데 이 기쁨과 행복도 잠시뿐이었습니다. 410년에 야만적인 고트족이 로마에 쳐들어와 사흘 만에 로마를 점령하고 많은 물자를 약탈해 갔습니다. 그러자 로마인들은 충격에 빠졌습니다. 하나님께서 다스리시는 로마제국, 그것도 800년 이상 한 번도 외적에 의해 침략당한 적이 없는데 이방신을 섬기는 야만족에게 점령당한 것에 허탈감에 빠지고 말았습니다.

기독교 국가가 되기 전 잡다한 신들을 섬기고 황제를 신으로 섬길 때는 이런 일이 없었다고 생각했습니다. 이러한 고난의 역사에 대한 기독교적 해석이 필요해서 나온 책이 하나님의 도성입니다. 이 책의 결론은 세상 나라는 망해도 하나님의 나라는 영원하다는 것입니다.

현재 대한민국의 기독교인들은 많이 흔들리고 있습니다. 기독교인뿐만 아니라 목회자들과 교회들도 흔들리고 있습니다. 이럴 때일수록 역사의 주인이신 하나님을 신뢰해야 합니다. 예수님은 믿음으로 사는 성도들의 심지를 견고하게 하십니다.

다윗은 기가 막힐 웅덩이와 깊은 수렁에 빠진 적이 있었습니다. 그때 하나님께서 끌어올리시고 발을 반석 위에 두셨습니다. 다윗의 걸음을 견고하게 하셨습니다.

사람들을 보면 반석 위에 집을 지은 것 같은 사람도 있고 모래 위에 집을 지은 것 같은 사람도 있습니다. 부나 권력이나 건강도 쉽게 무너집니다. 장담하지 못합니다. 견고한 것이 복이라면 무너지는 것은 불행입니다. 찬양하면 기도가 응답 되고 걸음뿐만이 아니라 우리 인생도 견고해집니다.

베네치아 공화국의 파도바 대학교에서 기하학과 천문학을 강의하는 교수였던 갈릴레이 당시에는 천동설을 믿고 있었습니다. 천동설은 태양과 달과 별들이 지구를 중심으로 돌고 있다는 원리입니다.

그런데 새로 발명된 망원경으로 천체를 관찰하다가 갈릴레이는 천동설이 잘못되었다는 것을 발견했습니다. 그래서 지동설을 주장했습니다. 지동설은 태양을 중심으로 지구를 위시해서 각종 행성이 돌고 있다는 주장입니다.

천하 만민이 천동설을 굳게 믿고 있었기에 거센 반발을 샀습니다. 카톨릭에서도 교리적으로 천동설을 주장하고 있었으니까 그 당시 상황이 어떠했으리라는 것을 짐작할 수 있습니다. 그러나 끝까지 갈릴레이는 자신의 주장을 굽히지 않았습니다. 그것이 진리이고 자신의 눈으로 확인했기 때문입니다.

복음에 대해서 확신이 없다면 참된 찬양은 어렵습니다. 그러나 신앙과 미래에 대한 확신이 견고하면 하나님을 찬양할 수 있습니다. 신앙의 지조가 있는 성도는 견고합니다. 흔들리지 않습니다. 영적으로나 육적으로도 견고한 성도가 되시기를 축원합니다.

3. 여호와를 의지하리라

3절을 보면 "새 노래 곧 우리 하나님께 올릴 찬송을 내 입에 두셨으니 많은 사람이 보고 두려워하여 여호와를 의지하리로다"고 하였습니다.

'의지한다'라는 말은 '확신을 가지고 신뢰한다. 크게 확신한다. 완전히 기대한다'는 것을 의미합니다. 인간은 누구나 약하기에 무엇인가를 의지할 수밖에 없습니다. 무엇을 의지하느냐에 따라 쉽게 무너지기도 하고 누구도 감당 못 하는 능력을 발휘하기도 합니다.

하나님을 의지하면 하나님의 능력을 공급받습니다. 세상이 감당 못 하는 사람이 됩니다. 여러분은 무엇을 의지하고 사십니까? 물질입니까? 세상입니까? 아니면 하나님을 의지하십니까?

크리소스톰이라는 유명한 교부는 성 소피아 교회를 담임했고 세계 기독교사에 훌륭한 지도자였습니다. 이분의 설교는 세 가지였습니다. 첫째, 사람을 의지하지 말라. 둘째, 물질을 의지하지 말라. 셋째, 쾌락을 사랑하지 말라. 우리는 이 세 가지 함정에 빠집니다. 올무에 걸립니다. 이것은 바울의 사상이기도 합니다. 무엇인가 잘못 의지하면 결과는 실패이며 절망이지만 잘 의지하면 결과는 성공입니다. 소망입니다.

예수님을 만나기 전 술꾼이요, 심한 도벽까지 있었던 죠지 뮬러(George Muller)는 회심 후 73년 2개월 동안 하나님과 동행하면서 기도하는 삶을 살았습니다. 그 결과 5만 번 이상 기도 응답을 받았다고 합니다. 만 명 이상의 고아를 돌보았고, 200명 이상의 선교사를 후원했고, 42개국을 다니면서 300만 명 이상에게 복음을 전했습니다.

미국 침례교 목사인 존 파이퍼(John Piper)는 죠지 뮬러 사역에 대해서 글을 쓴 마지막 부분에서 죠지 뮬러의 호소를 인용했습니다.

"사랑하는 그리스도인들이여, 모든 염려와 무거운 짐과 필요를 다 하나님께 맡기는 행복한 길을 가시렵니까? 이 길은 나처럼 여러분에게도 열려 있습니다. 누구나 마음을 다하여 하나님을 의지하고 하나님께 모든 짐을 내려놓고 곤고한 날에 그분을 부르도록 초대와 명령을 받았습니다. 그리스도 안에 있는 형제들이여, 이렇게 살지 않으시겠습니까?"

하나님을 의지하고 살면 하나님의 역사가 일어납니다. 건강하다고, 살만하다고 육체나 물질이나 자신을 의지하지 말고 하나님을 의지해야 합니다. 고난이라는 것, 실패라는 것은 하나님을 찾게 만듭니다. 그래서 오히려 희망일 수 있습니다. 정말 의지할 분은 하나님밖에 없습니다.

시편 56편 2~3절을 보면 "나의 원수가 종일 나를 삼키려 하며 나를 교만이 치는 자 많사오니 내가 두려워하는 날에는 하나님을 의지하오리다"라고 했습니다.

신실한 신앙인들은 하나님의 은혜를 생각하며 하나님을 찬양합니다. 찬양할 때 기도 응답이 되고 자신이 견고해지고 여호와를 의지하게 됩니다. 찬양이 살아 있다면 찬양의 삶을 살고 찬양이 약해지거나 죽었다면 회복하는 은혜를 누리시기를 바랍니다.

50

인 간

"그들이 갈릴리 맞은편 거라사인의 땅에 이르러 예수께서 육지에 내리시매 그 도시 사람으로서 귀신 들린 자 하나가 예수를 만나니 그 사람은 오래 옷을 입지 아니하며 집에 거하지도 아니하고 무덤 사이에 거하는 자라 예수를 보고 부르짖으며 그 앞에 엎드려 큰 소리로 불러 이르되 지극히 높으신 하나님의 아들 예수여 당신이 나와 무슨 상관이 있나이까 당신께 구하노니 나를 괴롭게 하지 마옵소서 하니 이는 예수께서 이미 더러운 귀신을 명하사 그 사람에게서 나오라 하셨음이라 (귀신이 가끔 그 사람을 붙잡으므로 그를 쇠사슬과 고랑에 매어 지켰으되 그 맨 것을 끊고 귀신에게 몰려 광야로 나갔더라) 예수께서 네 이름이 무엇이냐 물으신즉 이르되 군대라 하니 이는 많은 귀신이 들렸음이라 무저갱으로 들어가라 하지 마시기를 간구하더니 마침 그 곳에 많은 돼지 떼가 산에서 먹고 있는지라 귀신들이 그 돼지에게로 들어가게 허락하심을 간구하니 이에 허락하시니 귀신들이 그 사람에게서 나와 돼지에게로 들어가니 그 떼가 비탈로 내리달아 호수에 들어가 몰사하거늘 치던 자들이 그 이루어진 일을 보고 도망하여 성내와 마을에 알리니 사람들이 그 이루어진 일을 보러 나와서 예수께 이르러 귀신 나간 사람이 옷을 입고 정신이 온전하여 예수의 발치에 앉아 있는 것을 보고 두려워하거늘 귀신 들렸던 자가 어떻게 구원 받았는지를 본 자들이 그들에게 이르매 거라사인의 땅 근방 모든 백성이 크게 두려워하여 예수께 떠나가시기를 구하더라 예수께서 배에 올라 돌아가실새 귀신 나간 사람이 함께 있기를 구하였으나 예수께서 그를 보내시며 이르시되 집으로 돌아가 하나님이 네게 어떻게 큰 일을 행하셨는지를 말하라 하시니 그가 가서 예수께서 자기에게 어떻게 큰 일을 행하셨는지를 온 성내에 전파하니라"(막 8:26~39).

일본 언론에 따르면 유명 아역 배우 출신인 와카아마 카라토는 일본 도치기현 나스마치 강변에서 발견된 부부 시신 훼손 혐의로 한국인 20대 A씨와 함께 송치되있습니다. 경찰 조사에 의하면 약 2,200만 원을 받기로 하고 이런 만행을 저지른 것입니다.

오카야마는 아역 배우였을 때는 귀엽던 아이였다고 사람들은 기억하고 있습니다. 그의 주변 사람들도 누구에게나 친절하고 좋은 사람, 사람을 이끄는 무리의 중심이었던 사람으로 기억했습니다.

2023. 7. 3. 전주일보에 따르면 수원의 한 아파트 냉장고에서

영아 시신 두 구가 발견되었습니다. 경찰은 친모인 30대 여성을 긴급 체포해서 조사를 했는데 이 여성은 2018년 11월과 이듬해 11월에 각각 아이를 출산했습니다. 출산 후 살해해서 4, 5년 동안 보관해 온 혐의를 받고 있습니다.

어떻게 사람을 죽여서 시신을 훼손할 수 있을까요? 자기 자식을 낳아서 죽여 시신을 냉장고에 보관할 수 있을까요? 그야말로 어안이 막히고 할 말을 잃게 만드는 참혹한 일들이 주변에서 일어나고 있습니다.

"내일 지상에 종말이 올지라도"라는 책은 숭전대학교 철학과 교수였던 안병욱 교수의 저서입니다. 50년 전에 저술한 책인데 "현대는 인간 행방불명 시대, 인간 실권 시대, 인간 상실 시대, 인간 소외 시대"라고 말했습니다. 인간이 본래 자리에서 비 본래의 자리로 굴러떨어진 시대라는 것입니다.

독일의 철학자 프리드리히 니체는 "19세기의 사상 풍토를 신이 죽은 시대"라고 설명했습니다. 에리히 프롬은 정신분석학자이면서 사회 심리학자였는데, 그는 "오늘날은 신뿐 아니라 인간도 죽은 시대"라고 지적했습니다.

그래서 인간의 자리를 점점 로봇, 인공지능(AI)들이 차지하고 있습니다. 요즘은 ChatGPT라는 것이 있습니다. 대화 전문 인공지능인데 여기에 가입하면 설교 제목만 말하면 설교를 만들어 주고, 논문 제목만 말하면 논문을 작성해줍니다. 편지 주제를 말하면 편지도 써줍니다.

그야말로 인간의 지능의 발달로 온갖 기계가 계발되고 인간을 편리하게 하고 있습니다. 그럼에도 인간은 소외되고 인간의 자리는 기계에게로 넘어가고 있습니다.

이런 시대 속에서 어떤 인간이 기독교적인 인간이고, 이런 인간을 회복할 수 있을까를 말씀드릴 때 하나님께서 원하시는 인간의 삶을 회복하고 사시기를 바랍니다.

1. 옷을 입고

35절 상반절을 보면 "사람들이 그 이루어진 일을 보러 나와서 예수께 이르러 귀신이 나간 사람이 옷을 입고"라고 하였습니다.

27절을 보면 귀신 들린 비정상적인 인간은 옷을 벗었습니다. 그러나 귀신이 나가자, 옷을 입었습니다. 옷이란 몸과 외모를 보호하거나 꾸미는 것들의 총칭입니다. 옛날에는 상방신에 입는 옷을 衣(옷 의)라고 했고 하반신에 입는 옷을 常(치마 상)으로 하여 합쳐서 衣裳(의상)이라고 했습니다.

인간이 다른 동물과 다른 큰 차이 가운데 하나는 옷을 입는다는 것입니다. 인류 최초의 옷은 아담과 하와가 에덴동산에서 선악과를 따먹고 부끄러움을 감추기 위해 사용되었던 나뭇잎이라고 할 수 있습니다.

시대적으로 인류가 옷을 입게 된 시점은 100만 년 전에 불을 사용하게 된 이후부터 가죽을 이용해서 옷을 만들어 입은 것으로 추정하고 있습니다. 그렇다면 옷의 기능은 무엇일까요?

① 신체 보호입니다.

더위와 추위 등 외부 환경, 외부 충격이나 마찰, 태양의 자외선 등으로부터 몸을 보호하고 방어합니다. 그래서 방한복 같은 수많은 기능성 옷이 있습니다.

② 가리개입니다.

옷은 몸을 가리기 위해 입기도 하지만 적당히 보여주기 위해서도 입습니다. 몸에 관심을 끌기 위해 비 정숙성의 목적으로 옷을 입기도 하고, 가려야 될 부분은 가리기 위해 옷을 입습니다.

③ 장식입니다.

인간은 아름다움을 추구하는 본능을 가지고 있습니다. 성적 매력 발산, 타인의 관심 끌기, 용기와 지휘의 표현 등을 위해 옷을 입습니다. 옷은 자기표현을 위한 강력한 도구입니다. 현대의 가장 큰 파급력을 가지고 있는 것이 옷

　　　　　　　　　　　　회복은 생명입니다(下)

입니다.

④ 구분의 기능입니다.

옷은 탄생부터 인간과 동물, 문명과 야만, 사람과 사람을 구분시켰습니다. 옛날 궁궐에서는 강제적으로 옷을 구분하여 입혀 신분과 계급을 구분했습니다. 현대도 명품은 빈부의 표시를 하고 있고, 직업과 신분을 확인시키기 위해 경기나 행사에서 상대나 역할을 구분할 때 옷을 활용하고 있습니다. 무엇보다 옷은 미의 대명사입니다. 나를 타인에게 보여주는 최상의 도구가 옷입니다.

비정상적인 사람은 옷을 벗었고 정상적인 사람은 옷을 입었습니다. 그렇다면 옷을 왜 벗고 다닐까요? 부끄러움을 모르기 때문입니다. 빌립보서 3장 19절을 보면 말세의 현상 가운데 하나가 부끄러움을 영광으로 생각하는 것이라고 했습니다.

우리가 입어야 할 옷은 어떤 옷일까요? 요한계시록 3장 18절을 보면 "내가 너를 권하노니 내게서 불로 연단한 금을 사서 부요하게 하고 흰옷을 사서 입어 벌거벗은 수치를 보이지 않게 하고 안약을 사서 눈에 발라 보게 하라"고 말씀합니다.

왕이 초대한 결혼 잔치 비유가 마태복음 22장에 나오는데 하나님 나라는 왕이 초대한 결혼 잔치와 같다고 예수님께서 말씀하셨습니다. 그런데 결혼 잔치에 온 사람들 가운데 예복을 입지 않은 사람들은 쫓겨났습니다. 왕이 여는 잔치에는 반드시 왕국이 정한 예복을 입어야 입장이 가능합니다.

그렇다면 우리는 어떤 옷을 입어야 할까요? 로마서 13장 14절에서 바울은 "오직 주 예수 그리스도로 옷 입고 정욕을 위하여 육신의 일을 도모하지 말라"고 했습니다.

하나님께서 우리들을 천국으로 초대하실 때 한 가지를 요구하십니다. 하나님이 준비하신 의의 옷을 입으라는 것입니다. 믿음이란 무엇입니까? 하나님이 준비하신 예수 그리스도로 옷 입는 것입니다. 회개란 무엇입니까? 옛 옷을 벗어버리는 것입니다.

무화과 잎으로 만든 옷은 벗어 버려야 합니다. 예수님은 십자가에서 대속의 죽음을 당하심으로 의의 옷을 만드셨습니다. 그러므로 회개하고 예수 그리스도로 옷을 입어야 합니다.

죄인이 죄 사함을 받았다면 얼마나 기쁘겠습니까? 예수 그리스도로 옷 입는다는 것이 얼마나 큰 기쁨과 능력인지를 아는 사람은 육신의 일을 도모할 필요가 없습니다. 신앙생활을 하는 것을 보면 육신의 옷을 입고 있는지, 예수 그리스도로 옷을 입은 것인지 드러납니다. 비정상적인 귀신 들린 사람은 옷을 벗었지만 귀신이 나가자, 정상적인 사람이 되었고 옷을 입었습니다. 어떤 옷보다 예수 그리스도로 옷 입는 성도가 되시기를 축원합니다.

   회복은 생명입니다(下)

2. 예수의 발치에 앉아

35절 하반절을 보면 "예수의 발치에 앉아 있는 것을 보고 두려워하거늘"이라고 하였습니다.

사람은 앉을 자리가 있고 앉지 말아야 할 자리가 있습니다. 서 있을 곳이 있고 서 있으면 안 될 곳도 있습니다. 귀신 들린 사람은 옷을 벗었고 집에 거하지도 않았고 무덤 사이에서 거했습니다. 그야말로 비정상적인 사람입니다. 그러나 귀신이 떠나가자, 정상적인 사람이 되었고 무덤 사이를 떠나 집으로 돌아와 예수의 발치에 앉았습니다.

예수의 발치에 앉는 것은 하나님 앞에서 사는 사람의 정 위치입니다. 신앙의 위치는 하나님 앞입니다. 아브라함에게 하나님께서 하신 말씀이 창세기 17장 1절에 기록되어 있습니다.

"너는 내 앞에서 행하여 완전하라."

호세아 6장 1~2절을 보면 "오라 우리가 여호와께로 돌아가자 여호와께서 우리를 찢으셨으나 도로 낫게 하실 것이요 우리를 치셨으나 싸매어 주실 것이라"고 하시면서 우리가 그 앞에서 살리라고 했습니다.

집을 버리고 나간 사람은 정상적인 생활을 포기한 사람입니다. 집은 행복의 본거지입니다. 사람은 집에서 잠을 자고, 밥을 먹고, 가족과 함께 교통하며 하루일과를 시작하고, 집에서 하루를 마무리하여 아름다운 삶과 희망을 가꾸어 갑니다.

교회는 아버지의 집입니다. 그러므로 교회를 떠나지 말고 교회에서 영의 양식인 하나님의 말씀을 먹고 성도들과 영적으로 교제하며 기쁨과 행복을 발견해야 합니다.

둘째 아들, 흔히들 탕자라고 하는데 탕자는 자기 분깃을 챙겨 아버지 집을 떠났습니다. 돈이 있을 때는 살만했습니다. 친구도, 여자도 있었습니다. 아쉬움을 몰랐습니다. 그러나 돈이 떨어지니까 친구도, 여자도 다 떠나고 먹을 것도 없었습니다. 누구 한 사람도 도와주지 않았습니다. 돼지우리에서 쥐엄 열매를 먹으면서 아버지 집을 그리워합니다. 결국, 집으로 돌아갔고 아버지 집에서 행복을 찾았습니다.

많은 사람이 교회에 다니면서도 탕자처럼 돈만 있으면 다 될 것처럼 생각합니다. 아닙니다. 모든 조건이 충족된다고 해도 예수님이 없으면 부족입니다. 참된 행복도, 만족도 없습니다.

예수님께서 마르다의 집에 가셨습니다. 마르다는 예수님을 모시기 위해 청소도 하고 음식도 만들고 얼마나 분주했는지 모릅니다. 그러나 마리아는 예수님의 발치에 앉아 예수님의 말씀만 들었습니다. 그때 마르다가 마리아를 나무랍니다. 분주한데 도와주지 않는다고 불평을 했습니다. 마르다의 말을 들은 예수님께서 이렇게 말씀하십니다.

　　　　　　　　　　　　　　회복은 생명입니다(下)

"마르다야 마르다야 네가 많은 일로 염려하고 근심하느냐 몇 가지만 하든지 혹은 한 가지만이라도 족하니라 마리아는 이 좋은 편을 택하였으니 빼앗기지 아니하리라."

예수님이 자기 집에 계시는데 마르다처럼 다른 일로 분주한 우리가 아닙니까? 예수님 외에 다른 일로 근심하고 염려하는 우리가 아닌지 돌아보시고 예수님보다 소중한 것이 없음을 깨닫고 예수님께 집중하시기를 바랍니다.

하나님은 우리 아버지이십니다. 우리는 하나님의 가족입니다. 교회는 하나님의 집이고 우리의 집입니다. 그러므로 신앙인이라면 교회에 모여야 합니다. 교회를 떠나거나 모이지 않는 것은 비정상입니다. 주일예배는 물론이고 찬양예배, 수요예배, 새벽기도회에 나와야 합니다. 예수님의 발치에서 사는 성도가 되시기를 바랍니다.

3. 온 성내에 전파하니라

39절을 보면 "집으로 돌아가 하나님이 네게 어떻게 큰일을 행하셨는지를 말하라 하시니 그가 예수께서 자기에게 어떻게 큰일을 행하셨는지를 온 성내에 전파하니라"고 하였습니다.

귀신 들린 사람은 집에 있지 않고 무덤 사이에 거했습니다. 집에 있어야 될 사람이 무덤 사이에 있었다는 것은 시간을 허비했다는 것이고, 죽음의 권세 아래서 인생을 소모했다는 것입니다.

이런 귀신 들린 사람이 예수님을 만나고 귀신이 나가자, 옷을 입고 예수의 발치에 앉게 되었습니다. 그리고 예수께서 자기에게 어떻게 큰일을 행하셨는지를 온 성내에 전파했습니다. 시간을 허비하고 죽음의 권세 아래서 인생을 소모했던 사람이 예수님을 전파하는 사람이 된 것입니다.

귀신 들렸던 사람이 정상적인 사람이 되자, 사명을 발견한 것입니다. 사람은 똑같은 사람이지만 귀신에 사로잡혀 있을 때는 자신의 모든 것을 허비하고 소모했지만, 예수님을 만나자, 사명을 회복했습니다.

1972년 미국 달라스에서 엑스폴로 대회가 열렸습니다. 폴 레스먼은 '예수 혁명'을 일으켰습니다. 히피들이 벌떼 처럼 일어나고 마약과 성적 음란이 팽배한 때 폴 레스먼은 예수 혁명을 일으켜 무려 8만 5,000명을 등록시켰습니다.

당시 달라스에는 5만 명만 수용할 수 있는 숙박시설밖에 없었습니다. 나머지 3만 5,000명은 수용 시설이 없었습니다. 오직 한 가지 가능성은 미 분양 아파트가 오천 동이 있었습니다. 이 시설을 사용하려면 믿을만한 보험회사의 보증이 필요했습니다. 그는 가장 큰 보험회사를 찾아갔습니다. 회사 로비에서 회장을 만나 형편을 말했고 즉석에서 허락을 받았습니다. 회장

    회복은 생명입니다(下)

의 막내딸이 바로 그 대회에 참석할 예정이었는데 화학 실험
을 하다가 실명 위기에 있었던 것입니다. 회장은 폴 레스먼을
만났을 때 이것이 하나님의 음성이라고 생각했다는 것입니다.

보험회사 회장은 큰 모험을 하면서 엑스폴로 대회를 후원하
기로 결단했습니다. 복음의 위대함은 그의 결단을 축복하셨습
니다. 그 대회에서 무려 2만 명 이상이 회심을 했고 1,000명 이
상이 목회자와 선교사로 헌신했다는 것입니다. 히피들이 변하
여 하나님의 복음 전파자로 바뀐 것입니다.

우리에게는 다 사명이 있습니다. 무엇보다 사명에 충성하시
기를 바랍니다. 어떤 사명을 가졌든지, 모든 신앙인에게는 복
음 전파의 사명이 있습니다. 거라사의 귀신 들린 사람은 예수
를 만나므로 인간의 정체성 회복과 가정 회복과 사명을 회복
했습니다. 결국 비정상적인 사람이 정상적인 사람으로 회복되
었습니다.

인간 회복은 예수로만 가능함을 믿으시기 바랍니다.

초판 1쇄   2024년 6월 22일

지은이 _ 김지영

펴낸이 _ 김현태

디자인 _ 장창호

펴낸곳 _ 따스한 이야기

등록   No. 305-2011-000035

전화 _ 070-8699-8765

팩스 _ 02- 6020-8765

이메일 _ jhyuntae512@hanmail.net

따스한 이야기 페이스북

https://www.facebook.com/touchingstorypublisher

https://www.instagram.com/touchingstory512

따스한 이야기는 출판을 원하는 분들이 좋은 원고를
기다리고 있습니다.

가격 15,000원